Vanessa Krypczyk

Die Macht der Worte

PROOF Verlag Erfurt

2. Auflage 2023
Die Erstauflage erschien 2022.

Alle Rechte am Text liegen bei der Autorin.

Autorin: Vanessa Krypczyk
Zeichnungen: Vanessa Krypczyk
Covermotiv: Rochak Shukla (Freepik)
Cover, Layout & Satz: Druckerei Schöpfel GmbH
Druck: PROOF Druck- und Medienproduktion

ISBN: 978-3-949178-39-9

Weitere Informationen unter: www.proof-verlag.de

Vanessa Krypczyk

Die Macht der Worte

Kurzgeschichten

Für all diejenigen, die meine Geschichten
so oft und viel beworben haben.

Furcht Seite 9

Die Zeugin Seite 23

Einer, der schrieb Seite 31

Andere Zeiten Seite 41

Druckvorgang abgebrochen Seite 51

Altes Zeugs Seite 59

Zusammen Seite 69

Die Macht der Worte Seite 73

Die Anderen Seite 87

Vom Ende der Welt Seite 93

Gewitternacht Seite 99

Die Muse Seite 121

Eine Frage von siebenundneunzig Cent Seite 127

Ein todsicherer Plan Seite 135

Der Nachtalb Seite 143

Furcht

Ein letztes grelles Aufleuchten, ein letzter Schimmer in der Dunkelheit, dann gab der Akku vollständig auf und das Display meines Handys erlosch.
Großartig. Ich hätte es heute Morgen komplett aufladen sollen. Doch die Zeit war so knapp gewesen, ich hatte losgemusst. Und jetzt stand ich hier und durfte noch dreißig Minuten auf meinen Bus warten, den letzten für diesen Tag. Frustriert steckte ich das Handy in meine Manteltasche.
Außer mir war da nur noch eine einzelne Frau an der Haltestelle. Ihr Handy tauchte ihr Gesicht in helles, weißes Licht, ummalte ihre Züge. Scharf und kantig. Vor und zurück wippte ihr Kopf im Takt zu den – für mich lautlosen – Klängen aus ihren Kopfhörern. Es sah recht komisch aus.
Im flackernden Straßenlaternenlicht lag die Haltestelle gegenüber gänzlich verwaist dar. Die Sitzbank war ein einsamer, leerer Fleck in dem Schatten neben der Laterne.
Vom dunklen Nachthimmel hoben sich grau die Wolken ab, vereinzelte Sterne schienen hindurch. Fröstelnd rieb ich die Hände aneinander. Es war kalt geworden. Die kühle, klare Luft kündigte von nahendem Schnee und dem kommenden Winter.
Ich zog das Handy wieder heraus. Auf meinen Knopfdruck blieb das Display weiterhin dunkel.

Ich gähnte, als ich meine Hände zurück in die Manteltaschen schob.
Es war dunkel, es war kalt und ich musste noch viel zu lange hier warten. Und dann konnte ich mich von diesen höchst grässlichen Umständen nicht einmal mit meinem Handy ablenken.
Die Frau wippte noch immer zu ihrer Musik und die Bank uns gegenüber lag noch immer verlassen da, als der Bus kam. Weißes Scheinwerferlicht zerschnitt die Nacht, quietschend hielt er an und zischend gingen die Türen auf. Die leuchtende Zahl verkündete mir, was ich schon wusste. Es war noch nicht mein Bus. Dafür stieg die Frau ein, wurde zu einem Schemen hinter der Fensterscheibe und verschwand schließlich, als der Bus losfuhr.
Zurück blieb ich. Und der Mann, der jetzt auf der anderen Straßenseite saß.
Ein Gehstock lehnte neben ihm an der Bank, ein Rucksack stand daneben. Flackerndes Straßenlicht zeichnete seine Züge faltig, seine Kleidung schäbig, seinen Rucksack zerschlissen.
Wir starrten uns an.
Eine Sekunde lang, in der ich mich fragte, wer er war, was er um diese Zeit so alleine an diesem gottverlassenen Ort noch machte.
Eine Sekunde lang, bevor ich wegsah und die

Straße, meine Schuhe musterte.

Die Zeit verrann träge. Zog und zerrte sich wie Kaugummi. Die Temperatur sank weiter. Die Straße lag verlassen da. Nicht mehr nur meine Finger waren kalt. Auch meine Arme und Bei-

Grölendes Lachen schob sich den Weg hinauf. Glas klirrte laut gegeneinander.

Sie waren zu dritt.

Instinktiv spannte ich mich an. Schloss meine vor Kälte starren Finger fest um das Handy. Zog die Schultern hoch, als könnte es mich unsichtbar machen. Als könnte ich so mit den Schatten und der Dunkelheit selbst verschmelzen.

Sie waren auf der anderen Seite der Straße. Näherten sich der Straßenlaterne, der Sitzbank. Dem faltigen Mann mit dem Gehstock.

Krachend klirrte es erneut. Jetzt sah ich die Flaschen, die sie in den Händen hielten, die sie aneinander stießen. Verwaschene, gelallte Sätze wurden getauscht.

Und dann stockten sie. Hielten inne. Ihr plötzliches Schweigen dröhnte in meinen Ohren.

Schmerzhaft stechend bohrten sich die Ecken des Handys in meine rechte Hand.

Sie hatten nicht mich entdeckt. Sondern nur den faltigen Mann mit dem Gehstock.

»He, Alter.«

Erstaunlich klar peitschten die Worte durch die Luft.

»Steh auf!«

Ein wenig verwaschener jetzt. Doch noch deutlich genug – es war keine Bitte.

Der Mann reagierte nicht. Stumm und reglos, als hätte er sie nicht einmal gehört, starrte er auf seine Füße.

Die drei wankten näher. Flaschen wurden erneut aneinander gestoßen, an den Mund gesetzt und weiter geleert.

»He, schaut doch mal!«

Eine Hand umschloss den Gehstock. Hob ihn hoch. Ließ ihn wirbeln durch die Winterluft.

Der Mann hob den Kopf. »Bitte lassen Sie das.«

Sie lachten. Meckernd. Abfällig.

Sie ließen es nicht.

Ich presste die Fingernägel der Linken in meine Handinnenfläche.

Das war nicht rechtens.

Ein anderer lallte etwas. Der Stock zischte knapp über den Kopf des Mittleren, der Dritte griff danach. Als wäre es ein Schwert, schwang er ihn und zerschnitt damit die Winterluft.

Es musste doch jemand etwas tun. Oder?

Jemand ...
Ich brauchte keinen Blick zur Seite, um zu sehen, was ich schon wusste. Es gab keinen Jemand. So sehr ich es mir auch wünschte. Es gab nur mich und den faltigen Mann – jetzt ohne Gehstock – und die drei Männer, ihre Bierflaschen und ihre rohen, derben Worte.
»Und was ist da drin?«
Sie hatten den Rucksack entdeckt.
»Bitte lassen Sie das.«
Sie hoben ihn hoch. Warfen ihn sich zu. Ließen ihn fallen. Und warfen ihn wieder.
Meine Handinnenfläche brannte.
Jemand musste etwas tun.
Doch es gab keinen Jemand.
Die Straße war verwaist und verlassen. Bis auf mich.
Raues Gelächter zerfetzte die Nacht.
Ich war als Einziger da. Ich könnte als Einziger eingreifen. *Etwas tun.*
Knallend fiel der Rucksack auf den Boden. Etwas schepperte darin.
Etwas tun. Aber was? Und wie?
Der Mann sank in sich zusammen. Schien kleiner und kleiner zu werden. Die Gestalten mit ihren Flaschen überragten ihn.

Sie waren drei. Größer, breiter, betrunken. Ich war einer. Alleine, kleiner, schwächer. So wie der Mann. Krachend landete der Stock auf dem Boden. Splitterte er?

Es zerrte und riss an meinem Innersten, an meinem Herzen.

Wenn Jemandem Unrecht geschieht, dann schau nicht weg. Dann musst du helfen!

Mutter hatte es gesagt. Einfache Worte, die nichts von der Furcht erzählen. Furcht, die allein der Gedanke ans Helfen auszulösen vermag.

Eine der Flaschen wurde fallen gelassen. Glas zerbrach auf dem Boden. Die anderen lachten. Sie deuteten auf den zusammengesunkenen, faltigen Mann.

Tu etwas.

Doch was?

Wenn ich aus dem Schatten trat, wüssten sie von mir. Wüssten, dass sie nicht alleine waren.

Angst überschwemmte mich.

Sie waren drei. Größer, breiter, betrunken. Ich war einer. Alleine, klei-

Eine der Gestalten packte den faltigen Mann an der Jacke.

»Bitte.« Ein einzelnes Wort, ein Flüstern und ein Flehen zugleich. Es zerriss mich.

Wenn ich im Schatten blieb, würde mir nichts geschehen. Wenn ich –
Die Gestalt zog ihn fast schon mühelos hoch. Lachte grob und rau.
Tu etwas. Jetzt!
Die Furcht ließ mich zittern, ließ mich beben, zerfraß mein Innerstes. Ertränkte mich.
Eine andere Gestalt stieß den faltigen Mann in die Seite. Er taumelte. Prallte gegen den dritten. Wurde erneut gestoßen.
»Halt.«
Ganz leise schob es sich aus meinem Mund. Ein Krächzen, das der aufkommende Wind mir mühelos von den Lippen riss.
Der Mann stolperte. Fiel fast.
Mein Herz schlug schmerzhaft schnell. *Bumm, bumm, bumm* – bis hoch in meinen Kopf. Ich zitterte, als ich vortrat.
»Halt!«
Lauter dieses Mal. Doch immer noch zittrig.
Die Gestalten wandten sich schwankend, fast synchron, um. Starrten mich an. Im Schatten liegende, stumpfe Augen.
»Wer bist du denn, Kleiner?« Die Worte lallten zu mir hinüber, doch verbargen sie nicht die Drohung.
»Verzieh dich«, grölte ein anderer.

Dann lachten sie wieder.

Ich schluckte. Sehnte mich nach dem Schatten nur einen Schritt hinter mir.

Und sah den faltigen Mann hinter den Gestalten, der bebend die Reste seines Stocks auflas.

»Hört auf!« Die Worte stolperten unsicher über meine Lippen und wurden mit Gelächter beantwortet.

»Was willst du denn?«

»Wer glaubst du, bist du, Kleiner?«

Glassplitter knirschten unter Stiefeln, als einer näher trat.

Staubtrocken wie eine Wüste lag meine Kehle da. Ich brachte kein Wort hervor. Meine Gedanken waren wie leergefegt.

Ich musste etwas tun.

Weg hier. Zurück in den Schatten.

»Ist der Alte hier etwa dein Freund?« Hämisch lachend packte einer den Mann am Kragen und zog ihn hoch.

Es gab keinen Weg zurück in die Schatten. Auch wenn die Furcht meinen Magen zusammenpresste, meine Gedanken blockierte. Sie hatten mich gesehen.

Renn weg, schrie ein Teil in mir. Doch ich kam keinen Schritt von der Stelle.

Er schüttelte den alten Mann. Noch mehr Glassplitter knirschten unter Stiefeln.

Die Straße trennte uns. Und doch war mir, als könnte ich den stinkenden Atem bis hierüber riechen.

Ich presste die Hände zusammen, wollte sie instinktiv zu Fäusten ballen.

Der Gedanke traf mich unerwartet. Ich musste es drauf ankommen lassen. Irgendwie einfach mutig sein.

»Ich … ich habe die Polizei gerufen.« Meine Stimme verhaspelte sich. Meine Finger zitterten, als ich das Handy hervorzog und es hochhielt.

Nichts dergleichen hatte ich getan. Doch das konnten sie nicht wissen.

Es war meine – unsere – einzige Rettung.

Meckerndes Gelächter war die Antwort.

»Sicher doch, Kleiner.« Einer setzte den ersten Fuß auf die Straße. Der andere stieß den faltigen Mann grob zu Boden und folgte.

»Zeig doch mal her. Hab dich gar nicht reden gehört.«

Meine Kehle war immer noch wie ausgetrocknet. Das Handy wackelte bedrohlich. *Mutig sein.* »Wollt ihr es drauf ankommen lassen?«

Hörten sie, wie meine Stimme sich vor Angst überschlug?

»Na klar doch. Drei gegen einen. Bis die hier sind, bist du -«
Was ich wäre, würde ich nicht erfahren.
Scheinwerfer zerfetzten die nächtliche Schwärze und glitten auf uns zu, wurden langsamer.
Die Gestalten tauschten Blicke. Einer spuckte aus, ein anderer funkelte mich wortlos an, der dritte grölte unverständlich und trank einen Schluck. Dann taumelten sie die Straße hinunter, verschwanden aus dem Licht der Straßenlaterne und verschmolzen so schnell mit der Nacht, als seien sie nicht dagewesen.
Der Bus hielt quietschend und öffnete zischend seine Tür.
Wie viel Glück konnte man haben?
Ich zitterte, ich bebte. Jetzt vor Erleichterung. Sie waren weg. Irgendwie weinte ich auch.
Ich hob die Hand, bat den Fahrer zu warten und schaffte es, mich in Bewegung zu setzen. Schnelle Schritte trugen mich über die Straße, hin zu dem zusammengekrümmten faltigen Mann.
»Alles in Ordnung?« Eine dumme Frage wohl, doch kam mir keine bessere in den Sinn.
Er sah auf, lächelte schwach. »Danke.«
Ich sammelte seinen Rucksack und den Gehstock auf und half ihm hoch.

Der Busfahrer wartete, bis wir in die weichen Polster sanken. Dann erst schlossen sich die Türen und schwach quietschend fuhr er los, die Straße hinunter, weg von der Haltestelle.
Ich sah zu dem faltigen Mann. Zusammengesunken klammerte er sich an seinen Rucksack, den zerbrochenen Gehstock auf den Knien.
Ich verbarg meine zitternden Hände in den Manteltaschen.
Wer wusste schon, dass in Hilfe so viel mehr Furcht als Mut stecken konnte.

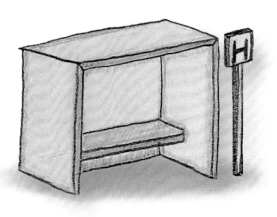

Die Zeugin

Als der Mann mit dem Zylinder dem Doktor das Messer in den Rücken stieß, hatte sie schreien wollen.

Vor Entsetzen.

Doch sie bekam den Mund nicht auf.

Vor Schock.

Der Schrei, die Panik waren in ihrer Kehle hängen geblieben. Sie konnte nur starren.

Der Doktor … das konnte nicht wahr sein … nicht wahr sein …

Die Gedanken drehten sich in ihrem Kopf, wirbelten umher, überschlugen sich. Doch sie war stumm. Da war der erstarrte Körper, das lange Messer, das aus dem Rücken ragte. Der Mann mit dem Zylinder, der den Doktor losließ und ihn nach vorne stieß, so dass dieser auf das Sofa fiel. Mit dem Gesicht voran.

Schreien. Sie musste, nein, sie sollte schreien!

Doch da war nichts. Kein noch so leiser Ton löste sich aus ihrem Mund.

Der Blick des Mannes mit dem Zylinder war kalt. Abschätzig. Keine Regung ging durch seine Miene, seinen Körper, als er auf den Doktor hinabsah. Stattdessen zuckte er mit den Schultern. Leicht und locker. Als hätte er nicht gerade –

Der Doktor … der arme Doktor …

Der kalte, berechnende Blick glitt durch den Raum. Als suche er nach verräterischen Spuren, nach Zeugen. Dann trafen seine Augen ihre. Durchbohrten sie – selbst ohne das Messer, das jetzt im Rücken des Doktors steckte.
Das war nicht wahr. Das durfte nicht sein. Das hatte sie nicht gerade wirklich gesehen.
Der Mann mit dem Zylinder kam näher.
Sie zitterte, sie bebte.
Ihr war, als könnte sie seinen Atem auf ihrer Haut fühlen, so dicht blieb er vor ihr stehen. Starrte sie mit seinen finsteren Augen nieder. Und flüsterte die Worte hinein in die Totenstille des Raumes:
»Du wirst nichts sagen, ja?«
Sie schwieg. Erstarrt, versteinert. Konnte nicht einmal blinzeln, während seine kalten Worte über ihre Wange strichen.
»Mein Geheimnis ist dein Geheimnis, ja? Bewahre es gut.« Und er hob einen Finger an seine geschlossenen Lippen, die sich zu einem schmalen Lächeln verzogen.
Dann tippte er sich an den Hut, bevor er auf dem Absatz kehrt machte und sie alleine ließ. Alleine mit dem Doktor, der ein Messer im Rücken hatte.

Schließlich war es das Dienstmädchen, das schrie, als es den Doktor fand.

Der Inspektor durchmaß den Raum mit großen Schritten. Murmelte leise Gedanken vor sich hin. Seine Stirn war gerunzelt. Er betrachtete das Sofa. Es hatte gedauert, bis man den Doktor hinausgetragen hatte. So lange hatte sie reglos auf ihn gestarrt. Auf das Blut, das den Stoff der Kleidung tränkte und färbte. Auf den Griff des Messers, der herausragte.
Der Blick des Inspektors glitt weiter. Die Stelle, wo die Familie des Doktors bis eben noch gestanden hatte. Erschüttert und weinend, Seite an Seite. Er hatte sie hinausgeschickt. Um nachdenken zu können und sich ein Bild von der Räumlichkeit des Mordes zu machen.
Ruhelos wanderten seine Schritte auf und ab. Zwischen seinen Fingern ließ er seine Taschenuhr kreisen.
Sie konnte in seinem Blick lesen: Einen Hinweis, er brauchte einen Hinweis, wenn er denn schon keine Zeugen hatte.
Außer sie. Sie könnte ihm helfen.
Doch sie sagte nichts.
Sie dachte an die kalten Worte des Manns mit dem

Zylinder. Und keinen Ton brachte sie hervor. Als hätte sie das Entsetzen verstummen lassen.
Die Taschenuhr des Inspektors wanderte zurück in die andere Hand. Er sah zu ihr hinüber. Als wolle er sie fragen.
Leise, aber bestimmt pochte jemand gegen den Türrahmen.
»Herr Inspektor? Man erwartet Sie nebenan.«
Ein junger Mann. Mit einem Zylinder in den Händen.
Ihr stockte der Atem.
Er war es.
Sie wollte schreien. Wollte auf ihn deuten. Doch sie war wie gelähmt. Brachte keinen Ton hervor.
Der Inspektor sah zu ihm. »Ich komme.« Die Uhr wanderte zurück in seine Tasche, er trat an die Seite des Mannes mit dem Zylinder.
Er ist es! Er ist der, den Sie suchen!
Ein letztes Mal ließ der Inspektor den Blick durch den Raum gleiten. Sah sie an. Und sagte achselzuckend: »Schade, dass wir sie nicht fragen können.«
»Ja, wirklich sehr schade, Herr Inspektor.« Der Mann mit dem Zylinder zog die Schultern hoch. Fast schon bedauernd. Dann ließ er dem Inspektor den Vortritt, bevor er sich noch ein letztes Mal zu ihr umdrehte.

»Aber zum Glück, wirst du mich nicht verraten. Denn du bist nur eine Frau auf einem Gemälde.«

Einer, der schrieb

Der Mann, der dieses Buch einst fein säuberlich Wort für Wort, Zeile um Zeile mit Feder und Tinte auf Pergament geschrieben hatte, war seit etwa 700 Jahren tot. So viel stand fest.

Neben mir polterte es. Ich schreckte hoch, wandte den Kopf, suchte die Quelle des störenden Geräusches. Flackerndes Schreibtischlampenlicht füllte den Raum um mich herum nur ungenügend, reichte allein für das Buch vor mir. Der Rest war in dämmrige Dunkelheit getunkt, die großen Regale waren vage, schwarze Schemen.

Und dann tauchte der Junge neben mir auf. Meines Bruders Sohn. Sein Kopf ragte gerade so über die Tischplatte. Erst sah ich seine Haare, verstrubbelt und zerzaust standen sie von seinem Kopf ab. Dann sah ich seine Augen, aufgerissen und ganz groß. Sie richteten sich auf das Buch, die aufgeschlagenen Seiten vor mir, musterten es prüfend. Neugierig. Interessiert.

Die Frage war ihm förmlich ins Gesicht geschrieben, doch noch stellte er sie nicht. Versuchte, die Antwort selbst zu finden.

Ich wartete eine Sekunde. Zwei. Beinahe konnte ich ihn grübeln hören. Dann wandte ich mich wieder den aufgeschlagenen Seiten zu. Betrachtete die Worte, die schwarze Tinte, mit der sie vor langer

Zeit geschrieben wurden. Ihre verschlungene und verschnörkelte Eleganz, ihre –
»Was ist das?«
Seine Stimme riss mich wieder zurück in die Gegenwart. Ich zog eine Braue hoch, sah jedoch nicht auf. »Ein Buch.« *Offensichtlich.*
»Aber was für eins?« Er klang drängelnd, nörgelnd. Ein nerviges, kleines Kind.
Ich unterdrückte ein Seufzen. Sah immer noch auf die Seite, die Worte, die Buchstaben, die mich so anzogen. »Ein ziemlich altes.«
»Wow.« Seine Stimme füllte so viel Erstaunen, als könnte er das wahre Alter wirklich begreifen. Seine kleinen Hände patschten auf die hölzerne Tischplatte, ich zuckte zusammen und sah, wie er sich hochzog. Er musste jetzt auf Zehenspitzen stehen. Dann beugte er sich vor, schob sein Gesicht näher an das Buch. So nahe, dass seine Nase fast das alte Pergament berührte.
Er schnüffelte laut, sog den alten Geruch ein. Ich drückte meine Hand gegen seine Stirn, schob sein Gesicht möglichst weit weg von den Seiten. Gerade im letzten Moment. Lautstark dröhnend nieste er. Ich fuhr zusammen.
»Es riecht sogar voll alt.« Er sagte es so, als hätte er nicht gerade ein Jahrhunderte altes Buch fast zer-

stört und ruiniert.
Angespannt atmete ich ein. Lächelte krampfhaft.
»Du trägst ja sogar Handschuhe.«
Ich rang mich zu einem Nicken durch. Schob meine Hand schützend zwischen das Buch und sein Gesicht, das sich dem alten Pergament schon wieder bedrohlich näherte, während er darauf spähte.
»Da ist sogar eine Zeichnung.«
Als hätte ich die kleine Illustration am oberen Rand des Textes noch nicht gesehen. Sanft schob ich seinen ausgestreckten Zeigefinger, seine Hand beiseite. Vermutlich hätte er sonst mitten auf den kleinen Mönch, der in seiner Schreibstube saß, gefasst. »Das ist der Mann, der das Buch geschrieben hat.«
»Wirklich?« Und dann Stirnrunzeln. »Kannst du das überhaupt lesen?«
Ich nickte abwesend. *Wenn man mich nicht gerade mit nervigen Fragen davon abhielt.*
Ich konnte förmlich fühlen, wie seine Augen über den Text glitten. Die verschnörkelten, von einem längst vergessenen Mönch geschriebenen Worte sahen. Und daran scheiterten, sie zu entziffern.
»Und was steht da?«
Gab er denn nie Ruhe? »Eine Geschichte.« *Die ich nie lesen würde, wenn das so weiter ging.*

»Liest du sie mir vor?«
Ich seufzte. So flüssig konnte ich die Schrift dann doch nicht lesen. An manchen Stellen hatte der Mönch die Buchstaben recht unleserlich geschrieben, regelrecht geschmiert. Als hätte er nach Dutzenden Seiten mit der Hand schreiben irgendwann die Lust am Schönschreiben verloren.
»*Bitte*«, kam es langgezogen neben mir. »Bitte. Bitte. Bitte.«
Ich runzelte die Stirn. So sehr, dass ich befürchtete, davon Falten zu behalten. Ich könnte ablehnen – oder vorlesen. So würde ich sicher schneller meine Ruhe haben. Und gleichzeitig weiterkommen.
»Nun gut.«
Der Junge stieß einen Freudenschrei aus, klatschte in die Hände und hüpfte begeistert in die Luft. Dann stellte er sich wieder vor den Tisch, beugte sich darüber und legte sein Gesicht nahe dem Buch ab. Jedoch dieses Mal mit gebührendem Abstand. Er war also doch ein wenig lernfähig.
Ich räusperte mich. Warf einen Blick auf meine danebenliegenden Notizen. Wurde mir der Stille gewahr, die plötzlich in der alten Hausbibliothek herrschte. Sie erschien mir angespannt, abwartend. Als wolle sie mit den vor langer Zeit geschriebenen Worten ausgefüllt werden.

Und dann fing ich an.
Ich las.
Erst stockend, dann flüssiger. Las die verschnörkelten, heute schwer entzifferbaren, schlecht verständlichen Worte. Die langen, verwirrenden Sätze. Versuchte ihnen einen Sinn zu geben, ihnen mit meiner Stimme Leben einzuhauchen und die darin niedergeschriebenen Gedanken zu verstehen. Wort für Wort, Zeile um –
»Wahnsinn!«
Der helle Aufschrei ließ mich stolpern. Ich verhedderte mich in den Worten, verwechselte die Buchstaben und fand mich in der Gegenwart wieder.
Meines Bruders Sohn brachte seinen Finger schon wieder gefährlich nahe an das Buch.
Konnte das denn wahr sein?
»Hast du das gesehen?«
»Was?«
»Na, den kleinen Mann da. Der hat sich bewegt.«
Ich sah zu der tintenschwarzen Illustration. Der schreibende Mönch saß regungslos, mit der Feder in der Hand, an seinem Schreibpult. Er hatte sich definitiv nicht bewegt. Er war eine Zeichnung. Zeichnungen bewegten sich nicht.
»Das hast du dir eingebildet.«
»Habe ich nicht.« Beleidigt stieß er die Erwide-

rung aus. Schob trotzig die Unterlippe vor.
»Doch.«
»Lies weiter!«
Obwohl mir sein Ton nicht gefiel, obwohl ich meine Ruhe wollte, obwohl ich nicht an sich bewegende Zeichnungen glaubte, las ich weiter. Suchte die letzten verhaspelten Worte, nahm sie erneut auf und formte die Geschichte weiter.
Und schielte dabei vorsichtig nach oben. Zu dem Mönch. Der still an seinem Pult saß.
Meine Augen glitten über die Zeilen, lasen die Geschichte. Ganz langsam, ganz vorsichtig hüllte sie mich ein, webte ihr Netz um mich. Als meines Bruders Sohn sich unruhig neben mir bewegte und die Seite sich ihrem Ende näherte, wagte ich einen letzten Blick nach oben.
Und tatsächlich.
Ganz schnell glitt die Feder des Mönchs über das Pergament auf seinem Pult. Hin, her. Hin, her. Schrieb Wort für Wort diese Geschichte. Ich wusste es einfach.
Und ohne hinzusehen, ohne umzublättern, las ich weiter. Die Worte, waren einfach da. Als hätte, einer, der vor langer Zeit schrieb, sie mir in den Mund gelegt, so kamen sie aus mir heraus. Woben eine alte Geschichte.

Von längst vergangenen Zeiten.
Faszinierend.
Mir war, als könnte ich das Kratzen des Federkiels hören. Ganz nah.
Mein Mund formte weiter die Worte, die Geschichte und flüsterte sie hinaus in die kleine Schreibstube.
Die Tinte, die den Federkiel benetzte, wurde weniger. Vorsichtig tauchte ich den Kiel erneut ein, bevor ich mich wieder dem Pergament zuwandte.
Einer musste die Geschichte zu Ende schreiben.
Einer der –
»Du musst auch weiterlesen!« Kratzend schoben sich die Worte in meine Gedanken, stoben sie auseinander.
Ich blinzelte einmal.
Keine Schreibstube. Kein Federkiel in meiner Hand.
Dafür eine in schwarze Nacht und gelbes Schreibtischlampenlicht getauchte Hausbibliothek. Und ein altes Buch direkt vor mir.
Ich blinzelte ein zweites Mal.
Mein Blick glitt über die aufgeschlagene Seite. Die eleganten, vor langer Zeit mit Tinte geschriebenen, Worte. Die Illustration am oberen Rand, der Mönch mit seiner Feder.

Und für einen kurzen Moment war mir, als zwinkerte er mir zu.

Andere Zeiten

Ich hatte bereits Schuldgefühle, bevor ich es überhaupt tat. Als ich nur darüber nachdachte, fühlte ich mich schon schuldig. Allein der Gedanke an das, was ich vorhatte, löste das schlechte Gewissen in mir aus.

Er sagte, ich müsste mir keine Gedanken machen. Es wären andere Zeiten.

Er sagte auch, ich müsste es tun. Wir hätten keine andere Wahl.

Doch in Wahrheit hatte *ich* keine andere Wahl, wenn ich ihn retten wollte.

Aber bereits der bloße Gedanke an mein Vorhaben nagte an meinem Gewissen. Es erinnerte mich an früher. An die Zeit, als die Dinge einfacher waren. Als man sich sicher sein konnte, dass man schlechte Dinge nicht tat, weil es immer irgendwo eine Alternative gab.

Doch früher war einmal.

Jetzt lag die Vergangenheit irgendwo in zerbrochenen Scherben hinter mir. Eine fahle Erinnerung – verborgen hinter Rauch, Schutt und Trümmern. Eine Erinnerung an ein Leben, das ich mir jetzt kaum mehr vorstellen konnte. Ein Leben, das es nicht mehr zu geben schien.

Ich durfte nicht daran denken. Das half mir jetzt auch nicht weiter.

Meine Finger waren aufgerissen. Blut vermischte sich mit dem Dreck des Gerölls, den ich bemüht leise zur Seite geschoben hatte, um das Kellerfenster freizulegen. Ein kleines Viereck, das in eine dunkle Tiefe führte.
Ich konnte das nicht tun. Ich wollte *das nicht tun.*
Mühevoll schluckte ich den Kloß in meinem Hals herunter. Atmete tief durch.
Das war nicht richtig.
Ich umwickelte die Taschenlampe mit meinem Schal. Sie war groß und schwer, ziemlich unhandlich und schon sehr alt. Dann ließ ich sie gegen die Fensterscheibe krachen. Einmal, zweimal. So lange, bis sie brach.
Scherben regneten in die Tiefe.
Ich knipste die Lampe an. In ihrem flackernden Licht – die Batterien waren alt, neue waren schwer zu bekommen – sah das Fenster wie ein Mund aus. Ein fast zahnloser Mund, voll abgebrochener Stummel.
Ich griff hinein, tastete nach dem Hebel aus kaltem Metall und öffnete das Fenster. Die Öffnung war immer noch klein, doch sie würde reichen.
Der Weltuntergang machte einen dünner.
Ich kletterte mit den Füßen voran, ließ mich in die

Dunkelheit fallen und ging sogleich in die Knie. Blitzen gleich zuckten Schmerzen durch meine Beine, ließen mich ein wenig schwanken.
Die Taschenlampe glitt mir aus der Hand, ihr Licht erlosch.
Keuchend und abgehakt atmete ich ein und aus, als hätte ich einen unerwarteten Sprint hinter mir. Dröhnend klopfte mein Herz in der Brust. Zwei Geräusche, die mir ohrenbetäubend laut in der einsamen Dunkelheit erschienen. So laut, dass sicher jeder andere im Haus sie ebenfalls hören konnte.
Was tat ich hier nur?
Du rettest sein Leben, gab ich mir selbst die Antwort. Doch die Art und Weise ließ mich schlucken. Früher hätte ich dergleichen verdammt. Man brach nicht einfach bei anderen Menschen ein. Niemals. Auch nicht, wenn man diese kannte. Dann erst recht nicht. Das tat man einfach nicht. Aber es gab so viele Dinge, die man nicht tun sollte. Und jetzt doch tun musste.
Denn die Welt hatte sich verändert.
Doch warum hatte sich mein Gewissen nicht mit ihr verändert? Warum war es so anständig, so moralisch und so ängstlich geblieben?
Ich tastete nach der Taschenlampe, die ich hatte

fallen lassen. Spitze Scherben stachen in meine Hand, dann umfasste ich den breiten Griff der Lampe. Meine einzige Lichtquelle. Meine einzige Waffe.
Kauernd verharrte ich einen Moment. Lauschte auf meinen rasenden Herzschlag, meinen viel zu lauten Atem und auf die alte, immer knarrende Kellertreppe, die hier hinunterführte. Doch im Haus blieb es still.
Als wären seine Besitzer schon längst nicht mehr da. Doch sie waren es noch. Ich hatte sie erst gestern gesehen. Ihre hektischen Blicke, mit denen sie die Straße rauf und runter geschaut hatten. Ihre Arme, die die kleinen fast unscheinbaren Bündel fest an sich gedrückt hatten.
Sie waren schon in dem Leben vor dem Rauch, dem Schutt und den Trümmern reich gewesen. Auch jetzt gelang es ihnen immer, etwas zu bekommen. Ob vom Schwarzmarkt oder gestohlen – so genau wusste ich es nicht.
Er war der Meinung, sie hätten auch Medikamente. Sicher hatten sie welche. Sie hatten schon vor dem Weltuntergang viele Dinge hier unten in ihrem Keller gehortet. Ich wusste das, weil ich ihnen mehr als einmal die schweren Kartoffeln hier hinuntergetragen hatte. Weil sich das unter Nachbarn

so gehörte. Nett zueinander sein. Sich gegenseitig helfen.
Und jetzt stand ich hier unten und wollte ihren Medizinschrank plündern. Um ihn zu retten.
Etwas, das sich unter Nachbarn ganz gewiss nicht gehörte. Zumindest war das früher so.
Doch es war seine letzte Chance. Sein Fieber war hoch. Zu hoch. Und das, viel zu lange schon.
Er würde sterben.
Im Haus war noch immer nichts zu hören.
Das war gut.
Auch wenn mein Gewissen immer noch kratzte und mich daran erinnerte, dass ich sie einmal mochte, dass wir einmal gute Nachbarn gewesen waren.
Doch das war früher. Jetzt war alles anders.
Nicht jeder wollte teilen. Nicht einmal die Nachbarn, die einen seit Jahren kannten. Denen man die Kartoffeln in den Keller getragen hatte.
Ich musste jetzt eine Entscheidung fällen. Ob ich wollte oder nicht, ob mein Gewissen protestierte oder nicht.
Wir oder sie.
Doch ich hatte meine Entscheidung bereits getroffen, als ich meinen Rucksack schulterte und nach draußen trat. Als ich das verschüttete Kellerfenster

freischaufelte. Und spätestens, als ich das Fenster einschlug.
Warum also noch zögern?
Ich musste ihm helfen. Jetzt. Ich hatte keine Zeit.
Es gab keinen anderen Weg. Ich hatte keine andere Wahl.
Sonst würde er sterben.
Der fahrige Schein der Taschenlampe zerstob die Dunkelheit. Glitt über Pappkartons, leere Regale. Fiel auf einen kleinen Schrank mit einem Kreuz darauf. Einst war er weiß gewesen.
Da war er, gleich neben der dünnen Holztür, hinter der sich die knarzende Treppe befand.
Früher war er randvoll mit Medikamenten, Bandagen, Pflastern und Erste-Hilfe-Sets gefüllt. Weil meine Nachbarn schon immer ein wenig paranoid waren. Immer gerne vorbereitet waren.
Er und ich hatten sie immer ein wenig belächelt. Hilfsbereit wie wir waren, hatten wir ihnen ihre schweren Einkäufe und Vorräte zum Lagern hier hinuntergetragen.
Und nie gedacht, dass das Ende der Welt so plötzlich kommen konnte.
Die Scherben knirschten unerwartet laut unter meinen Schuhen.
Die Metalltür mit dem Kreuz darauf quietschte.

Ein schrecklich lautes Geräusch, das mir eine Gänsehaut bescherte. Der Strahl der Taschenlampe glitt über die weiße Tür, in das Innere des Schrankes, flackerte, erfasste Dunkelheit und –
Ich erstarrte, mein Atem stockte.
Leere Fächer.
Doch ganz unten, in einer Ecke, entdeckte ich eine kleine Pappschachtel und zwei schmutzige Mullbinden.
Ich las die aufgedruckten Buchstaben, erlaubte mir ein erleichtertes Aufseufzen. Ein zaghaftes, eingerostetes Lächeln umspielte meine Mundwinkel.
Wie viel Glück konnte ich haben?
Ich griff nach der Schachtel, schloss die Finger ganz fest darum, legte die Taschenlampe in dem Schrank ab, zerrte den Rucksack von meinem Rücken, griff wieder nach der Lampe, öffnete den Rucksack fahrig mit der Hand, die die Schachtel hielt und –
Knarzend ging die Kellertür auf.
Ich fuhr herum.
Ein greller Lichtschein traf meine Augen. Ich blinzelte. Vor meinen geschlossenen Lidern zuckten Blitze. Ich taumelte einen Schritt zur Seite.
Ein schwarzer, hochgewachsener Schemen zeichnete sich in der geöffneten Tür neben mir ab. Mein

Nachbar. In seiner Hand lag die Taschenlampe, die mich so blendete.
Die Packung glitt mir aus der Hand, als ich die Pistole in der anderen sah.
Wir oder sie. Ein Prinzip, das nicht nur für uns galt.
Wer nicht teilt, wird bestohlen. Und wer stiehlt, wird …
Ich umklammerte die alte, schwere Taschenlampe fester.
Er hob die Waffe hoch.
Ich warf mich auf ihn.
Ein Schuss zerfetzte die Welt
in diesem Keller.

Druckvorgang abgebrochen

»Druckvorgang abgebrochen«, stand dort in kleinen akkuraten Buchstaben, die Charlotte zu verspotten und zu verhöhnen schienen.

Warum passierte das immer in den ungünstigsten Momenten?

Die Ziffern ihres Weckers sprangen auf 10:00. Und als wäre auch er schadenfroh und wolle ihr den Zeitdruck verdeutlichen, begann er zu piepsen. 10 Uhr. Es war nicht mehr viel Zeit – sie musste los. *Jetzt!* Und das im besten Fall mit dem Formular, das sich der Drucker gerade so beharrlich weigerte auszudrucken.

Himmelherrgott!

Sie fluchte nie, doch jetzt konnte sie gar nicht anders. Es konnte doch wohl nicht so schwer sein, ein Blatt auszudrucken.

Charlotte warf einen Blick zur Seite. Zwei Schritte von ihr entfernt, stand der Drucker. Seine Ablagefläche, dort, wo das eine bedruckte Blatt liegen sollte, war leer.

Sie überprüfte das Papier. Drei Blätter. Also völlig ausreichend, um ein einseitiges Formular zu drucken. Und an den Tintenpatronen konnte es auch nicht liegen. Die hatte sie erst gestern neu eingesetzt.

Also dann, von vorne.

Sie wandte sich wieder ihrem Computer zu, klickte sich durch das Menü, betrachtete ein, zwei Sekunden dieses kleine Wörtchen, bevor sie es auswählte: *Drucken.*
Mach es jetzt bitte einfach. Ohne weitere Probleme.
Fauchend erwachte der Drucker neben ihr zum Leben, zog das Papier ein, klickte und klackte und bedruckte es.
Die Ziffern ihrer Uhr sprangen auf 10:03. Sie musste los. Jetzt aber wirklich. Aber immerhin druckte er jetzt, da konnte sie das Formular noch einpacken und gleich abge-
Der Drucker ächzte und verstummte so abrupt, dass es nicht gut klang. Gar nicht gut.
Himmelherrgott!
Was war denn jetzt wieder los?
»Papierstau«, erklärten ihr die kleinen akkuraten Buchstaben.
Das konnte doch nicht wahr sein. Erst wollte dieser Drucker gar nicht drucken und dann fraß er gierig gleich zwei der drei eingelegten Blätter auf einmal?
Wütend zog Charlotte an dem eingeklemmten Papier.
Und zog.
Bis sie mehrere bedruckte Fetzen in ihren Händen hielt.

Jetzt fluchte sie richtig. Mit Schwung warf sie die Fetzen in den Papierkorb, ihr hektischer Blick glitt zur Uhr – 10:05. *Keine Zeit mehr!* Dann musste sie das Formular eben später drucken und abgeben. Mit einigen raschen Klicks schaltete sie den Computer aus. Klackend eilten ihre Füße durch das Zimmer und hinaus aus der Wohnung.

Warmes untergehendes Sonnenlicht fiel durch das Fenster auf den Computer. Vor dem Charlotte jetzt – neun Stunden später – wieder saß und sich erneut bis zu dem gesuchten Formular durchklickte. Dann also jetzt. Sie würde es morgen abgeben müssen.
Ihre Augen glitten über die schwarzen Buchstaben, die Kästchen, die sie ausfüllen musste. Formal und eigentlich banal.
Und wieder wählte sie *Drucken* aus.
Es klickte, es klackte, der Drucker erwachte zum Leben.
Endlich! Begeistert klatschte sie in die Hände, als der Drucker auch genauso schnell wieder verstummte.
»Fehler! Drucken nicht möglich. Bitte Papier einlegen«, stand dort in kleinen akkuraten Buchstaben, die Charlotte zu verspotten und zu verhöhnen schienen.

Natürlich. Warum sollte es auch einfach sein und endlich klappen?

Aber hatte sie nicht heute Morgen drei neue Blätter für ein einseitiges Formular eingelegt? Und hatte sie bei dem darauf gefolgten Papierstau nicht nur zwei der drei Blätter zerrissen? Oder hatte der Drucker vielleicht doch alle drei eingezogen? Drucker machten nie das, was man von ihnen erwartete. Und doch war sie sich sicher, heute Morgen war noch ein Blatt übrig gewesen.

Komisch.

Charlotte schüttelte den Kopf, um die Gedanken zu vertreiben. Sie musste sich wohl getäuscht haben. Oder?

Bevor sie weiter darüber nachdenken konnte, wandte sie sich dem Drucker zu. Tatsächlich, das Papierfach war leer, also hatte sie heute Morgen doch –

Da sah sie das Blatt, das ausgedruckt auf der Ablagefläche lag. Hatte der Drucker nicht eben noch eine Fehlermeldung angezeigt?

Sie zuckte mit den Schultern. Egal. Besser als sich noch weiter mit dieser Technik herumzuärgern. Wer verstand schon Drucker?

Charlotte griff nach dem Blatt. Sah die weiße, leere Seite. Wendete es. Und sah die bedruckte Seite.

Ein Schrei löste sich aus ihrer Kehle. Das Blatt glitt aus ihren bebenden Fingern. Und landete vor ihr auf dem Boden.

Das Entsetzen hatte sie gepackt. Wie eine klauenbesetzte Hand, die ihr Innerstes umklammerte und zusammenpresste.

Das konnte doch nicht sein. Wie kam das hierher? Was sollte das?

Keine schwarzen Buchstaben, keine Kästchen, die sie ausfüllen musste, starrten sie an.

Die gedruckten Buchstaben waren riesengroß. Und rot. Blutrot.

Und spuckten ihr vier einzelne Worte entgegen.

Wir haben dich gefunden.

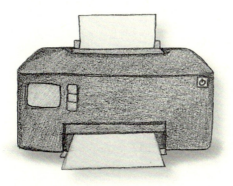

Altes Zeugs

Schreibmaschinen. Bügeleisen. Alte Gemälde – mit nachgedunkelten Farben. Ein Kinderwagen – mit drei Rädern. Kartons voller Fotos. Schmuck – silbern, zerkratzt und rostig. Dekorativer Kram – Engel, Tänzerinnen, Porzellanfigürchen. Eine große Truhe – mit verblichenen Farben bemalt. Wackelige Leitern. Eine Puppe – der ein Auge fehlt. Alte Münzen. Verrostete Eimer. Noch mehr Schreibmaschinen. Spielschachteln – bestimmt unvollständig. Blusen – die auf Bügeln hängen. Vergilbt. Einzelne Schuhe. Teller – handbemalt und mit Sprung.
Oh, ist das eine Axt? Und das daneben ein breites Küchenmesser?
Gefährlich scharf. Bedrohlich – zwischen all diesen anderen Sachen. Bedrohlich – zwischen all diesen Menschen, die sich dicht an dicht drängen. Was, wenn jemand die Axt oder das Messer packt, böse Gedanken im Kopf, und sie dann-
Aber auch sie haben Rost angesetzt. Sind alt. Werden kaum beachtet.
Dann verschwinden sie aus meinem Blickfeld. Die Menschenmasse schiebt und drückt mich weiter. Der Platz ist so groß und vollgestellt, dass er gar winzig klein und einengend erscheint.
Vielleicht ein paar Bücher, dachte ich heute Morgen.

Ein paar alte Geschichten in schmucken und alten Ausgaben, wie man sie heute nur noch im Antiquariat oder Archiv findet. Oder vielleicht auch hier. Wer weiß schon, was sich hier in der glühenden Sommerhitze, die meinen Nacken verbrennt, finden lässt?
Menschen drängen sich in alle Richtungen. Über die schmalen Wege. Vorbei an unzähligen Ständen, die mit unzähligen Sachen chaotisch oder ordentlich auf Tischen oder dem Boden vollgestopft sind. Sie schieben mich weiter, von Stand zu Stand. Sie schwitzen und lärmen – begeistert und entsetzt.
Jemand drängt sich vorbei. Greift nach einem dieser unsäglich hässlichen Porzellanfigürchen und hebt sie hoch. Laute, kratzende Worte versuchen, sich einen Weg durch all das Chaos zu bahnen, gehört zu werden und dröhnen in meinem Ohr.
»Was für ein Schmuckstück, Hilde. Findest du nicht, dass die hier wunderschön ist?«
Nein, ist sie nicht.
Doch ich bin nicht gefragt. Hildes Antwort entgeht mir, ich lasse mich weitertreiben.
Stoße gegen eine Frau, die mit akribischem Interesse einen riesigen Karton mit DVDs durchsucht. Erstaunlich, was für eine Geduld sie doch hat. Und was für ein Vertrauen, dass diese auch funktio-

nieren. Denn das meiste hier sieht eher kaputt aus. Verbraucht. Abgenutzt.
Plunder.
Irgendwem haben die Sachen mal etwas bedeutet. Doch jetzt sind sie nur noch so viel wert, dass man sie nicht direkt wegwirft, sondern sie an andere verkauft.
Ein Zinnkrug. Eine Zinkwanne. Beides ziemlich ausgebeult. Unzählige Schilder, die vor Hunden warnen oder Besucher willkommen heißen. Alben voller Sammelkarten. Die Karten fein säuberlich eingeheftet. Interessiert sich wirklich jemand dafür? Doch immer wieder bleibt jemand stehen, lässt den Blick aufmerksam schweifen und beginnt, um diesen Plunder zu handeln.
Dosen voller rostiger Nägel und Schlüssel. Kassetten, die sicher keiner mehr abspielen kann. Kleine Spielfiguren, aufgereiht wie eine kleine Armee. Und dann endlich:
Bücher.
Fein säuberlich nebeneinander. Jedes mit dem Rücken nach oben. Sie stehen in zwei riesigen Kartons, auf deren Seiten Bananen aufgedruckt sind. Nur, dass die Titel für jeden möglichen Käufer auf dem Kopf stehen. Ich verrenke mir fast den Hals, um sie zu entziffern. Der Mann hinter dem

Stand tippt ungerührt auf sein Handy.

Die Bücher sind abgegriffen. Die Titel, die ich unter schmerzhaftem Verbiegen meines Halses lesen kann, sind für mich uninteressant. Nicht alt genug. Die könnte ich auch alle noch im Laden kaufen und das ganz ohne den Geruch nach Zigarettenrauch und Fettflecken auf dem Einband.

Also weiter. Ich halte die wogende Masse aus Besuchern nicht weiter auf, lasse mich wieder von ihr treiben. Immer weiter. Vorbei an unzähligen Ständen voller Raritäten und Kostbarkeiten, die auf fleckigen Decken auf dem Boden, in zerknitterten Pappkartons und auf sich biegenden Tischen präsentiert werden.

Wahre Schätze.

Fotografien – in schwarz-weiß und sepia. Die Damen und Herren darauf sind fein herausgeputzt, ihre Mienen streng, als könnte ein Lachen ihr Andenken zerstören.

Wer sind diese Menschen?

Warum stehen diese Bilder nicht in schmucken Rahmen, hübsch auf einem Kaminsims eines Wohnzimmers, so dass der griesgrämige Blick der Ahnen die Kinder erschreckt?

Stattdessen liegen sie hier. Unbekannt, namenlos. An den Ecken zerfledderte Fotografien, gestopft in

eine schmale Schachtel.
»Besser, als sie einfach wegzuschmeißen, was?«
Dass ich stehen geblieben und die Hand nach der Schachtel mit den Fotos ausgestreckt habe, merke ich erst, als die Frau hinter dem Tisch mich anspricht. Dass ich sie jetzt ansehe, nimmt die Frau als Aufforderung weiterzusprechen. »Waren schließlich auch mal Leute. Auch wenn sie lange vergangen sind. So ein Andenken kann man doch nicht einfach wegwerfen, was?«
Etwas betäubt von ihrem unerwarteten Redeschwall nicke ich nur. Automatisch gleiten meine Finger durch die Schachtel, heben die Fotos längst vergessener und vergilbter Menschen hoch.
Porträts. Familien. Hier und dort auch ein lachendes Gesicht. Augen voller Stolz. Frauen mit Sonnenschirmen. Männer in Uniformen.
Eine Postkarte ist dazwischen. Abgestempelt und verschickt, lange vor meiner Zeit. Die Schrift darauf füllt die Karte vollständig aus. Klitzeklein und verschnörkelt im Stil einer vergangenen Handschrift. Ich hebe die Karte höher, versuche zu entziffern, was Zeit, Regen oder Tränen verblasst und verwischt haben.
Meine liebste ...
Jemand läuft in mich hinein, stößt gegen meinen

Rücken. Entschuldigt sich und haut mir kameradschaftlich die Hand auf die Schulter, bevor er weiter geht.
Die vergilbte Postkarte ist mir aus der Hand gefallen. Zurück in die Schachtel. Zurück zu den anderen Fotos. Zurück ins Vergessen. Zurück in die Dunkelheit. Verschwunden und weiter unbeachtet. Der Gedanke versetzt mir einen überraschend schmerzhaften Stich.

Was, wenn diese Frau die Fotos nicht verkauft? Landet die Schachtel dann vielleicht wieder in einem Karton und verstaubt weiter auf einem Dachboden oder in einem Keller – vergessen bis zum nächsten Flohmarkt? Oder weil sich nie jemand dafür interessiert – vergessen für immer? Oder werden die Fotografien gar weggeworfen?

Diese starren Abbilder waren einmal Menschen. Mit Erinnerungen, Gedanken und Gefühlen. Irgendwer hat diese Menschen einmal geliebt. Sie sind Jemandes Vorfahren. Doch jetzt sind sie nur noch Vergangenheit. Nur vergilbte Papiere ohne Namen oder Erklärung. Ohne schmucken Rahmen.

Und mein Kaminsims – der ist schon lange leer. Bevor ich es selbst so recht begreife, deute ich auf die Schachtel und frage die Frau: »Wie viel möchten Sie dafür haben?«

Zusammen

Ein Schwall Regen klatscht gegen die Windschutz-
scheibe. Seit wir die Stadt verlassen haben, ist er
stärker geworden. Wie eine Sintflut ergießt er sich
auf die Scheibe, auf das kleine Auto und über die
in nächtliche Schwärze getauchte Welt.
Quietschend, wie alles an dem alten Auto meines
Großvaters, schiebt sich der Scheibenwischer über
das Glas, befreit es für den Bruchteil einer Sekunde
von den Regentropfen. Dann prasseln sie wieder
darauf. Rhythmisch, schnell und unaufhaltsam.
Plopp, plopp, plopp.
Meine Lider sind schwer. Ich versuche den Schlaf
hinfort zu blinzeln.
Wir sitzen zu dritt vorne. Sie sitzt links von mir,
mit konzentriertem Blick, die Finger umfassen
das Lenkrad. Er sitzt rechts von mir, ein Lächeln
auf den schmalen Lippen, den Blick hinaus in die
Dunkelheit gerichtet. Es ist zu eng und zu warm,
aber es ist sicher. Sicher vor dem Regen, vor der
Nacht und vor der Welt.
Er beugt sich vor, an mir vorbei, dreht das Radio
etwas lauter und lehnt sich dann wieder in seinem
Sitz zurück. Die Nachrichten sind vorbei. Endlich.
Die Musik kratzt aus den Lautsprechern. Verwaschen und undeutlich, voll von Rauschen. Aber ich
glaube, da ist auch ein Klavier und einer, der singt.

Der Regen prasselt.

Ich lehne meinen Kopf an seine Schulter. Wie ein schwarzes Band, einem Fluss gleich, nur erhellt vom fahlen, gelblichen Licht der Scheinwerfer, fließt die Straße vor uns hin.

Sie schaltet, lenkt in die Kurve hinein. Das Auto ächzt und quietscht bei jeder Bewegung. Sie lächelt uns zu.

Kein Wort fällt zwischen uns und doch ist die Stille gefüllt nur von uns dreien. Die Nacht hält uns verborgen vor dem Rest der Welt, die Nacht hüllt uns ein. Es ist viel zu eng und zu warm, doch dafür sicher.

Plopp, plopp, plopp.

Ich wage es, die Augen zu schließen. Höre das Rauschen des Radios ganz in der Ferne, das Quietschen, das prasselnde Klatschen des Regens, die Musik, die mehr und mehr verrauscht. Ein Arm umschlingt mich, hält mich.

Mein Kopf sinkt zur Seite, der Schlaf umfängt mich.

Wir sind zusammen. Das ist alles, was jetzt zählt.

Die Macht der Worte

»Es begab sich zu der Zeit, als ich noch jung, euer Vater noch klein war und ich mich gerade mit eurem Großvater verlobt hatte, als sie das Gesetz erließen.« Sie machte eine kunstvolle Pause, in der ihre Worte nachhallten.

Aus ihrem Ärmel zog sie den Kugelschreiber, den man ihr *damals* vor vielen Jahren bei ihrer Aufnahme in die Zunft geschenkt hatte. Langsam ließ sie ihn zwischen ihren Fingern kreisen, während sie in sich nach den Worten suchte.

Sie waren ein bisschen verstaubt und entzogen sich ihren Gedanken, als wollten sie sich vor ihr verstecken. All die Jahre hatten sie aus der Übung kommen lassen. Sie räusperte sich, lockerte die Worte und etwas ungelenk fuhr sie fort. »Als Erstes schränkten sie die Ausgabe von Tinte und Papier ein. Man solle es für wissenschaftliche Zwecke erwerben, alles andere sei reine Verschwendung, sagten sie. Die leeren Seiten sollten mit Nützlicherem gefüllt werden. Nicht mit Geschichten und Phantasien, nicht mit wilden Emotionen und fliegenden Gedanken. Dann schlossen sie die Druckereien, eine nach der anderen, wenn diese sich nicht selbst von der schreibenden Zunft fernhielten und ihr Papier nur noch der Wissenschaft, den logischen, berechnenden Gedanken zur Verfügung stellten.«

Der Kugelschreiber kreiste jetzt schneller zwischen ihren Fingern. Als hätte sie ein kleines Loch in einen Damm geschlagen, sickerten die Worte hindurch, formten sich in ihrem Kopf zu der Geschichte, zu der Vergangenheit.

Sie wollte sie erzählen, sie niederschreiben, sie mit Worten, Papier und Tinte heraufbeschwören und *wandeln*.

Doch konnte sie das überhaupt noch wie früher? Damals waren sie überrumpelt worden. Man hatte ihnen ihre Werke gestohlen, hatte die Flammen hoch geschürt und sie mit Asche zurückgelassen. Die Menschen hatten gejohlt, gelacht, gefeiert und die hohe Wissenschaftlichkeit gepriesen. Und sie – wie die anderen ihrer Zunft – war gelähmt gewesen. Ihr Innerstes war betäubt, die Worte verschwunden und die Leere war tief in ihr gewesen.

Und jetzt?

Jetzt fühlte sie sich alt. So alt, dass sie sich räuspern musste und erneut eine lange Pause brauchte, um den Faden wiederaufzunehmen und zu erzählen. Sie hat es lange nicht mehr getan. Doch heute war etwas anders.

Heute Morgen hatte sie die Schachtel gefunden. Gut versteckt in einer riesigen Kiste schwarzer Socken hatte sie gelegen. Ihr Mann, er musste sie aufbewahrt haben – doch warum? Bis zu seinem Tod hatte er sie ihr nie gegeben. Und erst heute Morgen hatte sie sie entdeckt.

Sie wechselte den Kugelschreiber in die andere Hand. Die Hand mit der Tätowierung. Ihre Schreibhand. *Viel zu lange war es her …*

Doch als sie sich heute Morgen an den Tisch gesetzt hatte, hatten die Worte sich gesträubt. Die Staubschicht in ihren Gedanken war noch dicker als jetzt gewesen, und obwohl sie versuchte hindurchzudringen, war es ihr nicht recht gelungen. Es sollte wohl kein Tag des Schreibens sein. Sondern einer des Erzählens.

»Zu der Zeit, als ich noch jung war, sagte man, das geschriebene und erzählte Wort habe große Macht. Eine ganz besondere Macht, die nur wenige heraufzubeschwören verstanden. Geschichten könnten die Welt nicht nur erhellen, sondern auch beeinflussen und vielleicht sogar verändern, so sagte man seit jeher in der schreibenden Zunft. Doch keine Geschichte konnte verändern was geschah, konnte das Erlassen der Gesetze verhindern. Die Geschichten wurden eingeschränkt und gebannt. Die kreativen Köpfe sollten einer sinnvollen Tätigkeit nachgehen, denn für so eine hoch technologische und fortschrittliche Welt seien Geschichten

nicht von Nutzen. Als seien sie eine Gefahr dafür.«
Die Großmutter machte eine Pause. Früher hatte sie es getan, um dem Erzählten Gewicht zu verleihen. Jetzt tat sie es, da sie über ihre eigenen Sätze stolperte. So hölzern – das konnte sie besser. Sie wusste es – doch wusste sie noch, wie es ging?

Sie brauchte Emotionen. Wenn sie Geschichten schrieb oder erzählte, brauchte sie Gefühle. Laute, lärmende Gefühle, die den Damm in ihrem Inneren vollständig brachen, die zuließen, dass die Worte nur so aus ihr herausflossen. Gefühle gaben den Worten ihre Kraft, ihre Magie, hauchten ihnen Leben ein und machten sie mächtig.

Doch diese Leere, die die Flammen erweckt hatten, war da noch immer. Nicht einmal Wut und Trauer um die vergangene Zeit konnte sie finden. Als hätten all die Zahlen, all die scharfen und logischen Gedanken alles erstickt.

Sie hielt den Kugelschreiber fest, lehnte sich in dem alten, abgewetzten Ohrensessel zurück. Die Zwillinge von zehn Jahren hockten noch immer davor – doch sahen sie nicht zu ihr hinauf.

Stattdessen glitten ihre Augen über chemische Formeln, mathematische Regeln und physikalische Gesetzmäßigkeiten. Ohne sich zu regen, saugten sie das viele Wissen, das die Bildschirme ihnen

präsentierten, ein.
Sie seufzte, schob den Kugelschreiber wieder in ihren Ärmel. Die Zwillinge waren so vertieft, ihre Gedanken so verstrickt und verknotet in den Wissenschaften – zugehört hatten sie ihr sicher nicht.
»Mama, was soll denn das?« Die Stimme ihres Sohnes, voller Missbilligung und hart, schob sich noch vor ihm aus der Küche, aus der er jetzt trat. Sein Blick glitt zu den Zwillingen, doch noch immer sahen sie nicht auf. »Du sollst ihnen doch keine Geschichten erzählen. Das darf man nicht mehr.«
Die Andeutung eines verschmitzten Lächelns glitt über ihr runzeliges Gesicht. »Es sind doch keine einfachen Geschichten, mein Lieber. Es ist *die* Geschichte.«
Er zog die Brauen hoch. Es war Haarspalterei. »Die Art und Weise, wie *du* die Vergangenheit beschreibst, klingt, als wolltest du ein Schauermärchen erzählen.« Er presste die Zähne aufeinander, so fest, dass es sein Gesicht noch kantiger, noch strenger erscheinen ließ. »Du weißt, das ist verboten.«
»Natürlich, natürlich.« Sie spürte, wie der Kugelschreiber gegen ihren Unterarm drückte. »Dann schweige ich wohl lieber über die Vergangenheit.«

Sie kamen exakt drei Stunden später.

Eine magische Zahl, hätte die Großmutter zu einer anderen Zeit gesagt. Jetzt sagte sie gar nichts, denn mit ihnen konnte man nicht reden.

Ihre Schritte waren hart und gleichmäßig. Ein wenig militärisch, könnte man sagen.

Ihre Blicke waren regungslos, ihre Stimmen emotionslos, als sie den Grund für die Verhaftung verlasen:

Aufrührerisches Verhalten.

Ketzerisches Gedankengut.

Verstoß gegen die Gesetze der hohen Zunft der Wissenschaft.

Er hörte nicht alles. In seinen Ohren rauschte es viel zu laut. Ein Schleier schien ihn zu umgeben, als wolle er die Wirklichkeit von ihm fernhalten.

Seine Zwillinge lächelten stolz, als ihre Großmutter Fußfesseln bekam.

Ihm war ganz schlecht, doch er blieb gerade stehen und rührte sich nicht. Der Schleier, der die Wirklichkeit von ihm trennte, verhinderte das Verrutschen seiner Gesichtszüge.

Sie machte einen Schritt nach vorne, zu groß, die Fesseln behinderten sie dabei, sie geriet ins Straucheln, stolperte, fiel. Er fing sie auf. Im Bruchteil einer Sekunde trafen sich ihre Augen und der Blick darin war so wach, so lebendig, wie schon lange nicht mehr. Dann drückte etwas gegen seine Hand,

schmal und lang.
Sie wurde wieder hochgerissen, ihm schenkte man keine Beachtung. Er verschränkte die Arme vor der Brust, verbarg dabei das *Ding*, das sie ihm gegeben hatte. Was es auch war, er durfte ihm keine Aufmerksamkeit schenken. Sie würden es merken.
Sie legten ihr auch Handschellen an. Dabei rutschte ihr der Ärmel ein wenig hoch, entblößte die schwarzen verschlungenen Buchstaben, die man ihr vor Jahrzehnten gestochen hatte, als man sie in die schreibende Zunft aufnahm. Er kannte sie. Er hatte sie oft gelesen und doch ihren Sinn nicht verstanden.
Schreib!
Wie ein Befehl. Ein ketzerischer Befehl, der sich den Regeln, den Gesetzen der hohen Wissenschaft widersetzte.
Er sah die Buchstaben und ihm stockten die Gedanken.
Mit einem Ratsch, den nur er in seinem Kopf hörte, zerriss der Schleier, brachte die Wirklichkeit zu ihm zurück.
Er hörte das Klicken der Handschellen, sah die festen Griffe, mit der sie seine Mutter festhielten, sie zur Tür schoben. Er wollte noch etwas sagen, sie war doch schließlich seine Mutter.

Doch er konnte nicht. Das Schweigen, das Entsetzen und der Schock hielten ihm den Mund zu.
Das *Ding* in seiner Hand, verborgen von seinem Arm, verbrannte ihm die Haut.

In ihrem Schlafzimmer fand er auf dem Bett mehrere Stapel fein säuberlich gefalteter Kleidung. Sie hatte aufräumen wollen. Er stand in der Tür, betrachtete das schweigende, leere Zimmer vor sich.
Jetzt waren sie beide weg.
Die Erkenntnis rannte ihn um, sie brannte sich in seine Gedanken und riss ihn beinahe von den Füßen. Das *Ding* glitt aus seiner Hand, klackerte, als es auf dem Boden landete. Das Atmen fiel ihm schwer, mühsam sog er die Luft ein und stieß sie wieder aus, versuchte sich zu konzentrieren. Er richtete den Blick auf das Bett, die Kleidung, klammerte sich verzweifelt an dem Anblick einer Kiste mit Socken fest. Als könnte ihre bloße, banale Existenz verhindern, dass die Wirklichkeit ihn ertränkte.
Sie war hoch, vielleicht etwas zu hoch und randvoll mit großen, schwarzen Socken seines Vaters. Eine grüne Ecke leuchtete daraus hervor.
Das verwunderte ihn und ließ ihn vergessen, sich auf seinen Atem zu konzentrieren. Ließ ihn den

Gedanken an das, was passiert war, beiseiteschieben.
Er nahm einige Socken heraus und legte eine Schachtel frei. Klein und rechteckig, aus grünem Karton. In seinem Magen bildete sich ein Knoten, das ungute Gefühl, das die Geschichte seiner Mutter über die Geschichte noch vor drei Stunden in ihm ausgelöst hatte, war zurückgekehrt.
Die Schachtel schrie förmlich nach nichts Gutem. Er konnte sie nicht einfach aufmachen. Was auch immer darin war, es konnte nichts Gutes sein. Sonst würde man es nicht zwischen Socken verbergen.
Und doch …
Sie lockte ihn. Sie schien nach ihm zu rufen. Ihn zu bitten, ihn anzuflehen, nur einmal kurz den Deckel anzuheben, nur einen einzigen Blick zu riskieren. Was konnte daran schon falsch sein? Es war doch nur eine Schachtel.
Tu es nicht, wisperten seine Gedanken eindringlich. Doch seine Hände hatten bereits den Deckel geöffnet.
Vor ihm lagen mehrere Bögen Papier. Unbeschrieben und leer.
Ihm wurde schwindelig. Er musste sich am Rand der Kiste abstützen.
Das durfte nicht sein. Papier war verboten. Wer es gebrauchte und es beschrieb, tat es nur unter

strenger, kontrollierter Aufsicht.

Und doch lag vor ihm ein ganzer Stapel. Er bezweifelte, dass es im Amt einen Eintrag gab, dass sie Papier hier im Haus hatten. Niemand außer ihm wusste davon.

Ihm kam die Geschichte seiner Mutter von vorhin wieder in den Sinn. Hatte sie auch davon gewusst? Hatte sie deswegen so plötzlich die Vergangenheit mit Worten gewoben, als wolle sie ein Schauermärchen erzählen?

Er musste sich setzen. Und erst als er in die weiche Matratze sank, wurde ihm klar, dass er die grüne Schachtel herausgenommen hatte.

Seine Eltern, sie waren beide fort. Er hatte nur noch die Zwillinge, die nie eine Geschichte gehört hatten. Seine Mutter kannte zu viele – und heute war sie zu tief in die Vergangenheit eingetaucht. Er konnte nichts daran ändern.

Oder doch?

Auf seinen Knien lag Papier. Fast schon erwartungsvoll starrte es ihn an. Lockte ihn. Rief nach ihm.

Seine Mutter hatte gesagt, Worte hatten Macht. Erzählte und geschriebene Worte könnten die Welt ver-

Nein!

Er konnte das nicht tun. Das war Ketzerei. Das war verboten.
Und die Zwillinge – was würde aus ihnen, wenn man auch ihren Vater mitnahm?
Und wenn er doch etwas ändern konnte?
Und wenn nicht?
Obwohl sein Verstand es noch nicht begreifen wollte, sich noch weigerte, hatte er sich längst entschieden. Seine Füße trugen ihn durch das Schlafzimmer, hoben den Kugelschreiber auf, den er hatte fallen gelassen. Vorsichtig schloss er die Tür, drehte den Schlüssel und ließ sich an der Tür zu Boden sinken.
Seine Finger zitterten, als er sie um den Stift schloss.
Noch nie hatte er dergleichen geschrieben.
Und doch …
Es erschien so aufregend, so einfach …
Wie sollte er anfangen? Was wollte er überhaupt schreiben? Noch nie hatte er versucht, eine Geschichte zu erzählen. Schließlich tat man das nicht.
Und doch war da auf einmal dieser Drang in ihm. So groß, so übermächtig.
Schreib! Die Tätowierung auf dem Handgelenk seiner Mutter trat ihm vor Augen. Ein Befehl, eine Aufforderung.

Die Spitze schwebte über dem Papier, doch da waren keine Worte in ihm. Nur Leere. Er sollte es sein lassen, das Papier weglegen, es am besten verbrennen, bevor jemand es fand, sollte den Stift vernichten und –

Nein. Er konnte nicht. Wenn seine Mutter wüsste, was er da dachte …

Er wollte, dass sie stolz auf ihn war. Wollte, dass sie wieder zurückkam, wieder in dem alten, abgewetzten Ohrensessel saß. Ihm ein verschmitztes Grinsen schenkte, während sie wissentlich gegen die Gesetze verstieß.

Unmerklich ließ der Gedanke ihn lächeln.

Und wie von allein setzte er den Stift auf das Papier. Langsam und ungelenk schrieb er die Buchstaben, schuf das Bild vor seinem inneren Auge von neuem.

»Es begab sich zu der Zeit, als meine Mutter alt war und die Geschichten schon lange in der Vergessenheit schlummerten …«

Die Anderen

Die Anderen sind jetzt häufiger da. Sie lauern im Schatten, ihre ruhelosen Augen erkennen alles. Nichts entgeht ihnen.

Ich kann sie sehen, ihr nicht. Ich durchschaue sie, ihr nicht. Du nicht.

Sie haben ihr Spiel perfektioniert, nahezu meisterhaft spielen sie es. Nahezu meisterhaft entgehen sie eurer Aufmerksamkeit, eurem unachtsamen Blick. Ihr ahnt nichts – doch ich weiß von ihnen.

Sie sind da, immer. Folgen uns auf Schritt und Tritt, spinnen ihre Pläne, um jeden von uns. Ein so feines, so sorgsam gewobenes Netz, dass es daraus kein Entrinnen gibt. Am Ende werden wir alle gefressen, so klebrig ist ihr Netz, so perfide ihr Plan.

Vor denen, die alles sehen, die alles wissen, gibt es kein Entkommen.

Ich kann nicht laut über sie sprechen, denn schon vorsichtige, leise Worte könnten sie herbeirufen. Obwohl sie sich stets im Verborgenen halten, hören sie alles.

Du glaubst mir nicht?

Ich bitte dich, lächle nicht. Kannst du mir denn das Gegenteil beweisen?

Wenn du an ihrer Existenz, ihren Plänen und ihrem Netz zweifelst, dann hast du Gründe, das verstehe ich. Doch glaube mir – das gehört dazu.

So lange halten sie sich schon im Geheimen, dass ihr sie alle vergessen habt, dass ihr meine Worte infrage stellt, sie gar für lächerlich haltet. Nur weil ihr noch nichts von ihnen gehört habt. Sie scheinen versteckt und fern ab von der Welt und doch so nah dran, dass sie alles und jeden beeinflussen können. Wohl auch dich, auch wenn du mir nicht glaubst.

Siehst du nicht, was sie vorhaben? Siehst du nicht, was hier rings um uns herum geschieht?

Wenn du nur einmal das Netz um dich erkennen würdest, einmal die unzähligen klebrigen Fäden erblicken und verstehen würdest, wohin sie führen: zu unser aller Untergang.

Denn sie haben alle Fäden in der Hand.

Oh, ihr kommt mir mit *Fakten*. Wissenschaftlich belegbare Tatsachen nennt ihr es. Sie sprechen sich gegen all das aus. Das kann nicht wahr sein. Das ist unmöglich.

Ich soll eure Worte glauben, doch ich kann es nicht. Nicht mehr.

Ich weiß jetzt um das Netz, um die Fäden, um die Pläne.

Wissenschaftliche Fakten, sie stehen mir im Weg.

Ihr versucht zu widerlegen, was ich doch weiß.

Mit absoluter Gewissheit. Schließlich habe ich als

einziger hinter das Netz geblickt, habe als einziger erkannt, dass die klebrigen Fäden uns festhalten sollen.

Ihr lächelt müde. Hebt die Stimme. Flüstert und fleht, flucht und schreit. Versucht mich zu überzeugen. Mit Worten. Mit Wissenschaft. Mit Tatsachen. Schließlich habe ich auch einmal daran geglaubt. Habe diese Tatsachen für wahr gehalten.

Doch jetzt, jetzt kann ich es nicht mehr.

Ich sehe das Netz, die Fäden und weiß um die Anderen. Die, die im Schatten lauern.

Ich frage mich, manchmal, wenn ich alleine bin, wenn weder ihr noch die Anderen bei mir seid, was geschehen ist. Warum es nicht so wie früher sein kann.

Denn vielleicht sind die Anderen gar nicht da. Vielleicht sind sie nur in mir. Vielleicht versuchen sie mich abzuhalten von dem Plan, den ich glaubte zu durchschauen. Doch vielleicht ist es gar kein Plan.
Sondern nur das Leben.
So voller Fäden, so voller Wege, so voller klebriger Fallstricke.

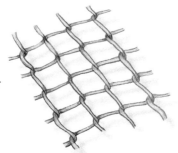

Vom Ende der Welt

Die sinkende Sonne färbt das endlos weite Meer in schönsten Orange- und Gelbtönen. Die Wellen tragen den Sonnenuntergang zu den Klippen vor der Stadt, wo sie sich auftürmen und stürmisch und schäumend daran brechen.

Mit großen Augen schielt ein Mädchen über die Mauer des hohen Turms.

»Wahnsinn«, flüstert sie, doch der Wind reißt ihr das Wort von den Lippen und trägt es hinaus aufs Meer.

Das rhythmische Klacken eines Gehstocks kündigt ihren Großvater an. Schwer atmend – die vielen Stufen den Turm hinauf, stecken ihm noch in den Gliedern – bleibt er hinter ihr stehen, legt ihr eine Hand auf die Schulter. »Gefällt es dir?«

Sie nickt, wieder und wieder. Voller Begeisterung, Aufregung und Freude.

Der Wind frischt auf und lässt sie erschaudern. Gemeinsam sehen sie zu, wie die Dunkelheit anbricht und den Himmel und das Meer in nachtblaue Finsternis tunkt. Wie die silbrigen Sterne und der aufgehende Mond die Dunkelheit erhellen.

»Ist das Meer wirklich unendlich?«

Der Großvater lächelt sanft und denkt daran zurück, als er das erste Mal den hohen Turm der Meeresstadt erklomm. Und zusammen mit seinem Vater das erste Mal das Meer in all seiner Größe, seiner Mächtigkeit, seiner Wildheit und Freiheit sah.

Auch er stellte damals diese Frage. Denn wenn man die Welt von hier oben sieht, erscheint die Meeresstadt klein. So unendlich klein und unbedeutend beim Anblick der scheinbar endlosen Weite.

Der Atem des Meeres frischt auf, der Wind spielt mit den Locken der beiden. Amüsiert beobachtet der Großvater, wie das Mädchen die mit Salz und sehnsüchtiger Ferne getränkte Luft tief einatmet, um diesen Augenblick nie wieder zu vergessen.

Er entsinnt sich der gestellten Frage und entschließt sich, dem Mädchen die Antwort zu geben, die sein Vater ihm damals gab. »Es heißt, wenn du mit einem Schiff das Meer befährst, dann findest du nach dreihunderteinundneunzig Tagen sein Ende. Und das Ende des Meeres ist zugleich das Ende der Welt. Es heißt, es wäre ein ganz besonderer Ort.«

Seine Gedanken hängen schweigend und schwer in der Luft. Selten wagen sich Schiffe hinaus in die Weiten des Meeres. Und noch seltener kommt eines davon zurück.

Das Mädchen nutzt den Moment des Schweigens. »Wenn ich groß bin, dann gehe ich in die Unterstadt. Dort werde ich ein Schiff bauen. Damit

werde ich das Ende finden.« Sie klingt aufgeregt und umklammert die Brüstung des Turms mit ihren kleinen Händen. So hat er auch einmal geklungen. So dachte er auch einmal ...
Doch niemand ist je von dort zurückgekehrt. Nicht einmal sein Vater, obwohl sein Schiff stark und seine Vorräte zahlreich waren.
Noch immer auf das tintenschwarze Meer blickend, entkommt den Lippen des Mädchens eine hastige, neugierige Frage: »Was ist am Ende des Meeres und der Welt? Was erzählt man sich?«
»Manche sagen, dort geht das Meer in den Himmel über. Es sei der Ort, an dem die Sonne zischend im Wasser versinkt, bevor sie sich am nächsten Morgen daraus in alter Pracht erhebt ...«
Er zuckt mit den Schultern. Atmet den salzigen Wind tief ein und denkt an seinen Vater. An seine Worte damals. Bevor er mit dem Schiff hinausfuhr. Und niemals wiederkam.
»Manch andere sagen, an dem Ort, an dem das Meer in den Himmel übergeht, sei ein Wasserfall aus kristallklarem Wasser. Und wer ihn hinabfährt, der kehrt nicht in diese Welt zurück. Denn es ist ihr Ende.«
Der Wind lässt seine Worte tanzen und trägt sie hinaus auf das dunkle Meer, in dem sich der silbrige

Mond spiegelt.

Eine Erinnerung, etwas fahl und alt, zuckt durch die Gedanken des Großvaters. Lange, lange ist es her.

Sein Schiff, seine Besatzung, das weite tiefblaue Meer, und dann ...

Seine Stimme ist bloß ein Flüstern.

... der Wasserfall.

»Oder aber, er ist das Portal in eine ganz neue Welt.«

Gewitternacht

Ein Blitz zerriss die Nacht, erhellte für einen winzigen Moment das Wohnzimmer. Im Bruchteil dieser Sekunde griff ich nach der Fernbedienung, richtete sie auf den alten Fernseher zwischen den beiden hohen Schränken. Peitschend traf der Regen auf die Fensterscheibe. Ich zog die Decke hoch über meine Brust und schaltete den Fernseher ein. Der nahende, krachende Donner übertönte fast den Klingelton meines Handys, der den Eingang einer Nachricht verkündete.
Ich legte die Fernbedienung ab, öffnete die App, las die neue Nachricht.
Sind morgen wieder da. Tausend Dank Helen fürs Blumengießen!
Meine Nachbarn und ihre Kinder – sie hatten zwei Wochen wärmstes Sonnenwetter, Sand und salziges Wasser genießen dürfen. Ich hatte ihre Schlüssel zum regelmäßigen Blumengießen bekommen – nicht, dass die jahrzehntelang, mühevoll gezüchteten Pflänzchen innerhalb der zwei Wochen einfach eingingen – und war alleine hier im Horrorhaus zurückgeblieben.
Ein weiterer Blitz erhellte das Wohnzimmer. Ich legte das Handy auf der Armlehne meines Sessels ab.
Das Horrorhaus.

So hatten meine Frau und ich das Haus aufgrund seiner abgeschiedenen Lage damals getauft, als wir in die noch freie Wohnung gezogen waren. Es war zweigeteilt: rechts wohnten wir beide und links die andere Familie. Das Haus war zweistöckig, besaß ein großes Kellergewölbe und an den steinernen Wänden rankte sich der Efeu entlang. Schon als wir zwei hier einzogen, machten wir deswegen Witze. Darüber, dass das Haus so abgelegen zum Rest des Dorfs lag und dass es direkt an den hohen und dichten Nadelwald grenzte. Oder darüber, dass alle Türen und ein großer Teil der alten Holzdielen immer recht bedrohlich knarzten.

Kurz um, es war das perfekte Horrorhaus, in dem wir wohnten.

Ich klicke mich durch die Fernsehprogramme. Lehnte eines ums andere ab. *Kannte ich schon, zu langweilig, nicht interessant genug* ... Ich wünschte mir, ich müsste die Entscheidung bezüglich des perfekten Abendfilms in einer aufziehenden Gewitternacht nicht alleine fällen.

Zwei Jahre nach unserem Einzug trennte sie sich von mir, um mit einer anderen, älteren, stärker geschminkten Frau zusammenzuziehen. Allein der Gedanke daran erinnerte mich an den Stich in meiner Brust, als sie es mir eröffnet hatte. Als

sie mich hier – zwischen steinernen Mauern und bedrohlichen Schatten, die die dunklen Tannen jeden Abend in den Garten warfen, – alleine ließ.
Das Bild einer Dame, elegant gekleidet und hübsch anzusehen, zuckte über den Fernseher. Ein Film, auf alt gemacht und ganz in schwarz-weiß gehalten. Ich hielt inne, schaltete nicht um. Es war lange her, dass ich den Film im Kino gesehen hatte.
Ein Mörder, der sich in der Wohnung des Opfers in dessen Schrank versteckte. Mit erstaunlich wenig gesprochenen Worten, aber dramatischer Musik, folgte der Zuschauer jeder Bewegung des Mörders und seines Opfers: Der Dame, die, ganz im Gegensatz zum Zuschauer, nichtsahnend von der Gefahr, bedenkenlos in ihrem eigenen Haus arbeitete, bis sie irgendwann ein Geräusch aufschreckte. Und sie dann nur kurz in einige Zimmer spähte, bevor sie zu Bett gehen wollte.
Ein Gruselfilm in einer Gewitternacht? Warum eigentlich nicht.
Ein weiterer Donner grollte über den Himmel. Er untermalte die weißen Buchstaben, die den Titel des Films verkündeten und dann wie Blut auseinanderliefen und nach unten tropften. Ich zog die Decke höher, kuschelte mich hinein und richtete all meine Aufmerksamkeit auf den Film.

Die Bilder, die Dialoge, die dezente Musik riss mich mit. Tiefer und tiefer in die Geschichte. Eine Frau, die heimkehrte, ein Verfolger, den sie nicht bemerkte, der ihr ins Haus folgte und sich in einem Wandschrank im Wohnzimmer versteckte …

Mit einem Mal schreckte ich hoch. Tiefe Dunkelheit umgab mich. Wilde Regentropfen prasselten gegen die Fensterscheibe. Dann ein Blitz. Gefolgt von einem Donnerschlag. So nah und laut, dass ich zusammenzuckte.
Mein Blick glitt zum Fernseher. Schwarz. So wie auch der Rest des Wohnzimmers in umfassende Schwärze getunkt war. Man sollte bei Gewitter nicht fernsehen, hatte ich mal gehört. Nur fiel mir dieser Gedanke jetzt reichlich spät ein.
Ich musste eingeschlafen sein. *Nun, das sprach nicht gerade für die Qualität dieses Gruselfilms.* Ein Schmunzeln huschte über mein Gesicht.
Doch warum war es so dunkel hier? Ein Stromausfall wegen des Gewitters? Oder waren es nur die Sicherungen in meiner Wohnung?
Das musste es sein.
Ich sollte nach dem Sicherungskasten schauen. Doch dazu brauchte ich Licht. Mein Handy – es hatte eine Taschenlampenfunktion.

Hatte ich es hier nicht irgendwo abgelegt? Ich versuchte mich zu erinnern, doch meine Gedanken schweiften zu dem Film.

Schwarz-weiße Bilder, die sich in meinen Gedanken festgesetzt hatten. Ein Mann mit einem Messer, der durch das Haus seines Opfers schlich. Auf dem Weg zu dem Wandschrank, in dem er sich verstecken würde.

Vorsichtig tastete ich über die Decke, den Sitz, die Armlehnen. Dabei stieß ich mit den Fingern zu schwungvoll gegen das kühle Metall und fegte das Handy zu Boden. Laut klappernd landete es auf den Dielen.

Hoffentlich war es nicht kaputt, hoffentlich ging es noch.

Denn ich wusste nicht einmal, ob ich irgendwo noch eine Taschenlampe hatte. Ich schlug die Decke beiseite und kniete mich auf den Boden. Ein weiterer Blitz erhellte das Wohnzimmer für eine einzelne Sekunde. Umzeichnete scharf die Umrisse des Fernsehers, der großen langen Schrankwand, des –

Ein Schatten in der Tür, hochgewachsen, groß und –

So schnell wie der Blitz ihn hatte auftauchen lassen, verschwand er wieder in der Dunkelheit.

Aber es reichte, um mein Herz zum Rasen zu bringen.

Um Himmels Willen. Dieser Schatten – er hatte die Form einer Gestalt, die Form *einer Person*. Einer Person, die direkt in meiner Wohnzimmertür stand.

Das konnte nicht sein, das war unmöglich. Das hatte ich mir eingebildet.

Oder?

Es konnte nicht wirklich jemand dort sein.

Doch ich musste nur die Augen schließen, dann sah ich es wieder vor mir. Der große Schatten, scharf umrissen vom weißen Licht des Blitzes.

Donnergrollen. Ohrenbetäubend laut.

Ich stieß einen spitzen Schrei aus, fiel auf den Hintern, stieß mit dem Rücken gegen den Sessel.

Alles gut, Helen. Beruhige dich. Es ist alles gut, versuchte ich mir einzureden. Es war alles gut. Hier war niemand. Das war nur ein Gewitter. Und ein Stromausfall. Und der Schatten einer Person neben meiner Wohnzimmertür.

Meine Finger umschlossen kühles Metall. Das Handy.

Ich riss es an mich wie eine Ertrinkende ein Stück Treibholz, schaltete es ein und wurde vom plötzlichen Licht grell geblendet. Ich blinzelte. Einmal, zweimal, bis ich wieder etwas sehen konnte. Dann wischte ich über das Display, fahrig und hektisch.

Die Taschenlampenfunktion. Wo war sie nur, wo –
Da.
Ich sah, dass mein Finger zitterte, als ich sie einschaltete.
»Beruhige dich, Helen. Da ist niemand«, flüsterte ich leise, doch nicht einmal meine eigene Stimme hatte etwas Beruhigendes. Vorsichtig hob ich das Handy.
Der Fernseher, die große Schrankwand – heute so gut wie leer, denn bei ihrem Auszug hatte sie fast alles daraus mitgenommen – und dann der Schatten.
Ich schrak erneut zusammen, krampfte die Finger fester um das Handy.
Und stieß dann ein ersticktes Lachen aus.
Mein Mantel, den ich wie jeden Tag an den Garderobenständer im Flur gehangen hatte. Ich erkannte ihn schwach im Licht der Handytaschenlampe.
Es war mein Mantel – nichts weiter. Keine Person.
Hatte der Film sich doch so sehr auf meine Nerven gelegt?
Offensichtlich.
Empört über meine ungewohnte Schreckhaftigkeit stieß ich ein leises Schnauben aus und zog mich an dem Sessel hoch.

Es waren nur mein Mantel, ein Garderobenständer und ein Gewitter, die mir einen Streich gespielt hatten. Erstaunlich, wie blank einem plötzlich die Nerven liegen konnten.

Ungläubig lächelnd durchquerte ich das Wohnzimmer und betätigte den Lichtschalter. Nichts regte sich. Die Dunkelheit blieb, wo sie war. Tatsächlich kein Strom. Ich trat in den Flur und strich über den rauen Mantelstoff. »Da hast du mir aber einen ganz schönen Schrecken eingejagt, was?«

Ich sollte einen Blick auf die Sicherungen werfen und dann ins Bett gehen. Wenn ich schon beim Fernsehen einschlief, war es wohl Zeit da-

Ein leises Klappern aus dem oberen Stockwerk.

Ich zuckte zusammen, so heftig, dass ich fast den Mantel zu Boden riss.

Das Horrorhaus hatten wir es genannt.

Da schaute ich einmal einen Gruselfilm – schlief dabei auch noch ein – und war trotzdem völlig schreckhaft. Nur, weil ich glaubte etwas gehört zu haben. Ein Klappern. *Aber sicher doch.* Was konnte da oben schon klappern? Ich war doch völlig allein hier.

Oder?

Das hatte die Frau in dem Film auch gedacht.

»Was ist nur los mit dir, Helen? Beruhig dich mal.«

Leise wisperten meine Worte durch den Flur.
»Du bist allein hier. Oder?«
Zum Glück antwortete niemand.
Ich seufzte, zog den Mantel wieder ordentlich glatt –
Erneut klapperte es.
Und als es gleich darauf donnerte, riss ich vor Schreck Mantel und Garderobenständer um. Krachend schlug dieser auf dem Boden auf.
Ich leuchtete die Treppe nach oben. Dort waren nur mein Schlafzimmer und das Bad. Nichts Gruseliges.
Außer das leise und unregelmäßige Klappern.
War dort oben jemand?
Schlich da etwa ein Mörder durch das Haus, durch meine Wohnung, durch die man sich nicht leise bewegen konnte, weil immer etwas knarrte und ächzte?
Ganz ruhig. Es war alles gut. Niemand war hier. Niemand außer mir. Und trotzdem rief ich leise und mit bebender Stimme: »Hallo?«, und dann noch einmal, etwas lauter: »Hallo?«
Immer noch antwortete niemand. Was mich aber auch nicht im Geringsten beruhigte. Schließlich würde der Mörder wohl kaum antworten: *»Hallo, ich sitze hier oben in der Wanne. Magst du dazu kommen?«*

Wieder klapperte es.
Was war das nur? Es konnte kein Mörder sein, oder?
Ich war niemand besonderes. Eine ganz normale Frau. Es gab keinen Grund mich zu ermorden. Dann vielleicht ein Einbrecher? Aber bei diesem Wetter? Und würde er so einen Lärm machen?
Kein Zweifel, ich musste dort hoch. Auch wenn alles in mir sich dagegen sträubte.
Meine Knie fühlten sich an, als bestünden sie aus reinstem Wackelpudding. Zittrig und weich. Es war ein Wunder, dass ich es bis zur Treppe schaffte, ohne dabei zusammenzubrechen.
Ich leuchtete mit der Taschenlampe nach oben in den dunklen Flur, von dem zwei Türen abgingen.
Dort oben war niemand. Dort oben würde niemand sein. Ich machte mich nur verrückt.
Und wenn doch?
Das war unmöglich. Wer begab sich freiwillig bei diesem Unwetter zu einem so abgelegenen Haus? Ein Mörder? Ein Einbrecher?
Ich setzte einen Fuß auf die unterste Stufe. Sie ächzte lautstark. Falls tatsächlich jemand oben war, hätte ich ihn jetzt gewarnt. Wenn ich ihn mit meinen Rufen nicht eh schon aufgescheucht hatte.
Ganz ruhig. Es war niemand da.
Ich würde jetzt die beiden Zimmer kontrollieren,

dann wieder runter in die Küche gehen und nach den Sicherungen schauen. Und dann endlich ins Bett.

Unter jedem meiner vorsichtigen Schritte knarrte und ächzte die Treppe bedrohlich. Wie eine Warnung.

Für mich? Oder die Person, die dort oben in den Schatten auf mich lauerte?

Ich ließ den Strahl der Taschenlampe kreisen. Niemand zu sehen.

Es war alles gut.

Dann war ich oben und hätte fast vor Erleichterung gelacht. Nichts war passiert.

Aber auch nur, weil er sicher hinter einer der beiden Türen mit erhobenem Messer in der Hand lauerte. Ich verfluchte meine Phantasie. Trotzdem bescherte mir allein der Gedanke eine fürchterliche Gänsehaut.

Ich sah zwischen den beiden Türen hin und her. Erst Bad oder erst Schlafzimmer? Was war die bessere Entscheidung? Rechts oder links?

Ich griff nach der Türklinke zum Schlafzimmer. Drückte die Klinke herunter. Schob die Tür vorsichtig und langsam auf.

Wäre es nicht besser, ich würde sie schnell aufstoßen und in das Zimmer stürzen? So könnte ich den Mörder vielleicht überrumpeln, während ich ihn so sicher warnte?

Die Tür quietschte in den Angeln. Ich gab ihr einen Schubs, so dass sie ganz aufging.

Niemand stürzte heraus. Niemand stieß mir ein Messer in den Körper.

Ich stieß die Luft – von der ich nicht wusste, dass ich sie angehalten hatte – aus.

Wie erwartet, es war alles gut.

Trotzdem trat ich einen Schritt in das Zimmer, ließ den Blick und das Licht hindurch schweifen. Die Kommode stand an ihrem Platz, die Blumen und Bilder darauf auch, die Ecken des Zimmers, selbst hinter der Tür waren leer, es blieb also nur noch das große Bett mir gegenüber.

Schlagartig fühlte ich mich wie ein kleines Mädchen. *»Da ist ein Monster unter meinem Bett, Mama«*, schoss es mir durch den Kopf. Meine Knie zitterten, als ich mich hinhockte und den Strahl der Taschenlampe darunter richtete. Jeden Muskel meines Körpers spannte ich an – in Erwartung eines Augenpaars, das mich aus dem Dunkel heraus anfunkelte. In Erwartung einer zusammengekrümmten dunklen Gestalt, die mit Klauen nach mir greifen würde.

Nichts davon sah ich. Nur zwei etwas verstaubte Kisten und die Zimmerwand.

Alles gut, da war niemand.
Natürlich nicht. *Mach dich nicht lächerlich, Helen.*
Aber was, wenn der Mörder im Bad gewesen war? Was, wenn ich ihm jetzt den Rücken zukehrte, wenn er sich jetzt an mich hatte heranschleichen können, bereits das Messer hob und –
Ich richtete mich ruckartig auf, drehte mich um und taumelte dabei einen Schritt zurück. Stieß gegen die Bettkante und fiel, aus dem Gleichgewicht gebracht, nach hinten auf das Bett.
Hinter mir war niemand gewesen. Und die Tür zum Bad war noch immer verschlossen.
Ein Blitz erhellte das Zimmer. Nichts zu sehen. Ich war alleine.
Und dann klapperte es wieder.
Ohne Zweifel. Das Geräusch kam aus dem Bad.
Ich umklammerte das Handy fester, sah mich nach einer Waffe um, doch bis auf die alte Blumenvase meiner Urgroßmutter aus hauchdünnem Porzellan fand ich nichts. Also hatte ich keine andere Möglichkeit, ich musste mich unbewaffnet ins Badezimmer trauen.
Obwohl alles in mir schrie und mich warnte – Dreh dich um, geh da nicht rein! – durchquerte ich das Schlafzimmer, den Flur, legte die Hand mal wieder auf eine kalte Türklinke und mit dem

nächsten Donnern stieß ich Tür auf. Dieses Mal viel schwungvoller, so dass sie gegen die Wand stieß und jedem dahinter die Nase gebrochen hätte.
Suchend glitt der weiße Lichtschein meines Handys in den Raum, tastete sich über die große Eckwanne, den offenen Holzschrank, das Waschbecken, die Toilette, den Spiegel, in dem ich nur mein eigenes verzerrtes Antlitz sah, und fand – Niemanden.
Ich war alleine.
Doch überdeutlich war hier der Wind zu hören, der um das Gebäude pfiff. Und auch das Klappern war nicht plötzlich verschwunden. Stattdessen war es lauter geworden.
Als knallend ein schwarzer Schatten gegen das Fenster flog, schrie ich auf und fast hätte mein Handy zum zweiten Mal in dieser Nacht mit dem Boden Kontakt gemacht. Ich bezweifelte, dass es die Fliesen überlebt hätte.
Im Licht war der Schatten jedoch wieder verschwunden.
Vorsichtig trat ich näher, konnte aber nicht anders, als trotzdem noch einmal unsicher über meine Schulter zu spähen. Und dann stand ich vor dem Fenster, hörte überdeutlich den pfeifenden Wind, den auf das Dach und gegen die Scheibe klat-

schenden Regen und das unruhige Klappern. Sah den dunklen Garten, die riesigen schwarzen Nadelbäume, die sich dem Himmel entgegenstreckten.
Und da wusste ich plötzlich, wo das Klappern herkam.
Unser Horrorhaus war ein altes Haus, vor jedem Fenster gab es diese altmodischen Fensterläden. Einer davon musste sich vom Haken gelöst haben und schlug nun klappernd immer wieder vor das Fenster.
Ich legte das Handy ab, öffnete das Fenster und beugte mich vor, um den Laden wieder zu befestigen. Als ich Sekunden später meine Arme ins Innere zog, war ich klatschnass.
Was für ein Wetter! Es war wohl nicht ganz unschuldig daran, dass meine Gedanken so verrückt spielten!
Aber hier im Haus war niemand außer mir. Ich war ganz alleine. Ich konnte jetzt beruhigt in die Küche gehen, nach den Sicherungen schauen und mich dann bis zum Ende des Gewitters und der Nacht ins Bett verkriechen.
Es sei denn, der Eindringling hatte sich, während ich unter das Bett spähte, aus dem Bad heraus nach unten geschlichen.
Nein, das konnte nicht sein.

Fang nicht wieder damit an, Helen.
Das mit dem merkwürdigen Geräusch hatte ich doch geklärt. Es war bloß der Fensterladen, der immer wieder gegen die Mauer und das Fenster schlug. Nichts weiter. Nichts Bedrohliches.
Es gab jetzt keinen Grund mehr zur Besorgnis.
Bewaffnet mit Handy und neuem Mut stieg ich die Stufen wieder hinunter, die wie immer knarzten und ächzten. Doch dieses viel zu laute Geräusch in dem einsamen Haus war mir auf einmal eine Erleichterung. Denn niemand hätte sich an mir vorbei in das Erdgeschoss schleichen können. Es war so gut wie unmöglich, lautlos von einem Stockwerk zum anderen zu kommen. Da hatte ich mir heute aber selbst einen schönen Schrecken eingejagt, dachte ich belustigt.
Trotzdem leuchtete ich erst vorsichtig durch den ganzen Flur, leuchtete schnell in das Wohnzimmer hinein und erst als ich dort niemanden sah, betrat ich meine kleine Küche.
Auch hier umfing mich nur Schwärze, die nur kurz von einem Blitz erhellt wurde, der die Konturen und Formen der einzelnen Möbel hervorhob. Der Sicherungskasten war direkt neben der Spüle. Ich schob ein davor lehnendes Holzbrett beiseite, öffnete die Tür und betrachtete die kleinen Schalter

im Handylicht. Sehr viel Ahnung davon hatte ich nicht.

Ich dachte daran, dass ich bis vorhin noch ferngesehen hatte. Bei einem Gewitter. Warnte nicht alle Welt davor, dass dergleichen gefährlich sei? Vermutlich war der alte Fernseher selbst jetzt kaputt.

Wenn sich das Gewitter gelegt hatte und ich diese nervenaufreibende Nacht hinter mich gebracht hatte, würde ich einen Kontrollgang durch das Haus machen. Aber nicht mehr vor Sonnenaufgang.

Donnergrollen. Nicht mehr so laut, dass ich das Gefühl hatte, taub zu werden. Es schien, als würde sich das Gewitter verziehen. Zusammen mit meinen verrückten Gedanken. Endlich.

Klick. Ich legte die Schalter wieder um und schloss den Sicherungskasten.

Und jetzt ab ins Bett.

Ich war schon fast wieder die knarzende Treppe hochgestiegen – immer noch im geringen Licht der Handytaschenlampe – als mir meine Wolldecke im Wohnzimmer einfiel. Also noch einmal zurück.

Ich seufzte, wandte mich um. Den Blick auf das Handy gerichtet, es war bereits 00:24 und somit höchste Zeit fürs Bett, betrat ich das noch immer dunkle Wohnzimmer. Der mir vertraute Klingel-

ton verriet mir, dass ich eine neue Nachricht bekommen hatte. Ich griff nach der Wolldecke, öffnete die Nach-
»Du hast vergessen, im Schrank nachzuschauen.«
Die Stimme war hinter mir. Dicht hinter mir.
Ich schrie auf.
Das Handy glitt zwischen meinen Fingern hindurch, bevor ich die Worte darauf lesen konnte. Erneut schlug es auf dem Boden auf. Landete mit dem Licht nach unten, so dass mein Blickfeld schlagartig in Schwärze gehüllt wurde. Vor meinen Augen sah ich noch immer den viel zu hellen Handybildschirm.
»Du hast überall nachgesehen ... nur nicht im Schrank.«
Mein Herz pochte so heftig und schmerzhaft, als wolle es meinen Brustkorb zerreißen.
Und meine Beine gaben einfach unter mir nach.
Ich knickte ein, fing mich an dem Sessel ab und schaffte es irgendwie halb liegend darin zu landen.
Neben mir hörte ich einen weiteren Schrei. Spitz. Gedämpft.
Ich wandte den Kopf, fing den angstverzerrten Blick einer jungen Frau auf.
Ängstliche Augen in einem schwarz-weißen Gesicht.

Und ein schwarz-weißes Messer, als die Szene wechselte.
Der Fernseher. Er war wieder angegangen.
Und der Gruselfilm, war noch lange nicht zu Ende.

Die Muse

Der Füllfederhalter in seiner Hand zitterte so stark, dass die Tinte auf das schöne weiße – und sonst so schrecklich leere – Papier tropfte. Wie Blutstropfen breitete sie sich darauf aus und trocknete.
Doch noch immer hatte er nichts geschrieben. Kein einziges Wort hatte er mit Stift und Tinte zum Leben erweckt.
Na los, schreib schon. Oder kannst du es nicht mehr, schien ihn das weiße Blatt zu verhöhnen.
Doch er fand die Worte nicht. Wie hatte er sie je finden können?
Die Blockade in seinem Inneren war riesig und unüberwindbar. Die Worte, die Sätze, die Ideen lagen dahinter – er konnte sie fühlen, doch er kam einfach nicht an sie heran.
Nur noch mehr Tinte tropfte sinnlos auf das Papier. Bald wäre es voll, ohne dass er –
»Hallo kleiner Autor.«
Lautlos trat sie aus dem Schatten, löste sich aus der Dunkelheit und kam auf ihn zu. Ihr Gewand schien sie bei jedem Schritt zu umfließen, die Konturen ihres Gesichts waren verschwommen und nicht fassbar. Sie erschien ganz und gar unwirklich. Im fahlen Licht seiner Schreibtischlampe blitzte das Messer in ihren Händen auf. Lang und silbrig glänzend.

Nachtblaue Tinte benetzte die Klinge.

»Was ist los, kleiner Autor?« Ihre Stimme schien von überall her zu kommen und ihn zu umgeben. »Sonst mangelt es dir doch auch nicht an Kreativität. Wo sind all die Worte, die dich sonst zum Überlaufen bringen?«

Ich habe keine zündende Idee, wollte er schreien. *Nicht eine einzige.* Doch kein Wort kam über seine Lippen, als sie hinter ihn trat und ihm die Hand auf die Schulter legte.

»So viele Ideen. Wo sind sie bloß?« Ihre Stimme umhüllte ihn, drang tief in seinen Verstand und fand die Blockade. Nagte mit scharfen Zähnen an der unüberwindbaren, breiten Mauer, die seinen Geist teilte. Brachte sie langsam, ganz allmählich, zum Bröseln.

Silberner Stahl blitzte durch die Dunkelheit.

Er wagte nicht zu atmen.

Die Ideen, sie waren alle so nahe.

Dann setzte sie ihm das tintenverschmierte Messer an die Kehle.

»Schreib kleiner Autor, schreib. Deine Fans warten«, flüsterte die Muse ihm ins Ohr.

Und als sie die Mauer eingerissen hatte, kamen sie. Die Gedanken, die Geschichten, die Ideen, die Worte fluteten seinen Geist, überschwemmten ihn förmlich und rissen ihn mit sich. Und da konnte er nicht mehr anders. Er setzte den Füllfederhalter auf das Papier.

Und schrieb.
Und schrieb.
Und schrieb.
…

Eine Frage von
siebenundneunzig Cent

In der kalten Luft liegt der Geruch nach Zimt, gebrannten Mandeln und Zigarettenrauch. Vorweihnachtszeit, Freitagnachmittag an einer Bushaltestelle, die im braunen Schneematsch versinkt. Menschen mit viel zu großen Einkaufstüten wuseln vorbei, die Straße rauf und runter, vorbei an kleinen, weihnachtlich geschmückten Buden und hinein in die vielen Geschäfte. Ich warte alleine. Nun – doch nicht ganz alleine.

Vielleicht sechs Schritte neben mir steht eine Kollegin: die Hände in die Jackentaschen gestopft, mit missmutig verkniffener Miene und unter dem Gewicht der Handtasche hängenden Schultern. Sie sieht so müde aus, wie ich mich fühle. Der Zauber des bevorstehenden Weihnachtsfestes scheint auch bei ihr nicht angekommen zu sein.

Wir reden nicht miteinander. Wenn man sich fünf Tage die Woche, acht Stunden täglich, bei der Arbeit sieht, freut man sich über jede Minute, die man nicht miteinander verbringt.

Ein Auto rast vorbei. Viel zu schnell für diese von Fußgängern gesäumte Straße, doch den Fahrer kümmert es nicht. Matschiger Schnee spritzt hoch, ein Teil davon trifft die Hose meiner Kollegin. Ich weiche ein Stück von der Straße zurück.

Die Anzeige springt um. Drei Minuten, bis der Bus kommt.

Eine Frau, ziemlich zerlumpt und schmal, mit gebeugtem Rücken und strähnigen Haaren, überquert die Straße. Etwas an ihr lässt mich innerlich in Abwehrhaltung gehen – ihr Auftreten gefällt mir nicht. Ich kenne sie nicht und doch will ich nichts mit ihr zu tun haben.

Sie tritt auf meine Kollegin zu. Das ist gut. So muss ich mich nicht mit ihr befassen.

Trotzdem spähe ich hinüber, höre die gesprochenen Sätze jedoch nicht, denn der Wind packt sie und trägt sie in die andere Richtung davon. Die Kollegin schüttelt den Kopf, vehement. Die zerlumpte Frau dreht sich um, sieht mich an und ruckartig ist die Anspannung wieder da.

Wie auch immer die Frage war, ich werde sie gleich erfahren.

Sie tritt neben mich, spricht mich an. Vielleicht sagt sie als erstes »Entschuldigung«, doch ich weiß es nicht. Der Wind reißt ihr die Worte von den Lippen, bevor ich sie hören kann.

Ich lege den Kopf schief, nicke abwartend. Sehe die Anzeige. Zwei Minuten.

»Haben Sie vielleicht siebenundneunzig Cent? Für einen Kaffee. Bitte.« Die Frage schiebt sich über ihre Lippen. Sie klingt ein wenig beschämt, ein wenig unsicher.

Siebenundneunzig Cent sind keine große Summe. Nicht einmal ein Euro. Nur ein wenig Kleingeld. Ob sie überhaupt für einen Kaffee reichen, frage ich mich im ersten Moment.

Ich weiß, dass in meinem Portemonnaie Geld ist. Ein Schein und etwas Kleingeld. Wie viel ist es? Nur zwanzig Cent oder gar mehr? Ich weiß es nicht, ich müsste nachschauen, um die Antwort zu erfahren.

Die Frau wiederholt ihre Frage.

Ich denke mir, wie schlimm das für mich wäre, diese Frage mehrfach zu stellen. Eine wildfremde Person nach Geld zu fragen. Das wäre doch peinlich oder? Ob ich die Frage einfach so stellen könnte?

Ich lasse den Rucksack von meiner Schulter gleiten, bin dabei ihn zu öffnen und sage: »Lassen Sie mich nachschauen.« Automatisch sieze ich sie, so wie sie mich siezt.

Im Augenwinkel sehe ich die Kollegin. An das Wartehäuschen gelehnt, die Miene noch immer verkniffen. Ob sie mich beobachtet? Sie hat die Frage der Frau verneint. Ob sie einfach kein Geld dabeihatte oder keines geben wollte?

Ein weiterer Gedanke schleicht sich in meinen

Kopf. Was ist, wenn diese Frau dieses Geld gar nicht für einen Kaffee braucht? Für einen Kaffee alleine reicht es doch niemals. Was, wenn sie es für Alkohol oder Zigaretten nutzt? Was ist, wenn der Kaffee nur ein Vorwand ist, weil man so im Winter auf mehr Verständnis stoßen kann?

Die Gedanken verhärten mein Herz. Ich kann es spüren. Ein einzelner Gedanke, der meine ganze Sicht verändert und mich innehalten lässt.

Ich öffne den Rucksack nicht. Sehe die Frau an, die noch immer geduldig wartet.

»Ich habe kein Geld dabei.« Die Lüge schmeckt schlecht auf meiner Zunge. Nach weihnachtlichem Mandelgeruch und kaltem Rauch und Unwahrheiten. »Ist mir gerade eingefallen«, schiebe ich hinterher.

Ich sehe, dass sie mich durchschaut.

Die Wahrheit brennt in mir. Doch ich korrigiere mich nicht.

Was weiß ich schon über diese Frau? Es ist nicht meine Pflicht, ihr Geld zu geben.

Sie sagt nichts weiter. Wendet sich ab, geht an mir vorbei die Straße hinunter. Sie wird jemand anderes fragen, da bin ich mir sicher. Vielleicht wird ihr jemand siebenundneunzig Cent geben. Die Zahl hat sich in mein Gedächtnis gebrannt.

Ich fühle die Lüge noch immer auf meiner Zunge brennen. Sie schmeckt schal und widerlich.
Tief atme ich die Vorweihnachtsluft ein. Tief atme ich sie aus. Wie um mich selbst zu reinigen. Trotzdem verschwindet die Frage einfach nicht.
War das gerade die richtige Entscheidung?
Das Gewicht des Rucksacks in meiner Hand erinnert mich daran, dass ich Geld bei mir habe. Geld, das ich dieser Frau verwehrt habe.
Ob sie wirklich nur einen Kaffee wollte? Vielleicht sollte ihr ich nachgehen und sagen, dass ich doch etwas habe. Oder ihr einen Kaffee kaufen. Dann weiß ich selbst, dass mein Geld nicht zu Alkohol und Zigaretten wird.
Doch die Straße hinter mir ist leer. Bis auf einige in dicke Mäntel gekleidete Menschen mit schweren Einkaufstaschen. Sie muss die Straße überquert haben. Sie ist weg. Aus den Augen, aber nicht aus dem Sinn.
Wäre ich ihr nachgelaufen, wenn ich sie gesehen hätte? Ich befrage mein Innerstes und finde keine richtige Antwort.
Wieder spritzt Schneematsch auf. Der Bus hält, öffnet zischend seine Türen. Die Kollegin und ich drängen uns hinein. Wir sehen uns nicht an. Hinter uns erklingt festliche Weihnachtsmusik, der

Geruch von Mandeln und Zimt bleibt zurück.
Der Bus fährt los. Doch die zerlumpte Frau sehe ich nicht noch einmal. Zurück bleiben nur eine einfache Bitte, die sich in mein Gedächtnis gebrannt hat, und meine gelogene Antwort.

Ein todsicherer Plan

»Oh Romeo, mein Romeo.«
Ich versuchte, ein gequältes Seufzen zu unterdrücken. So oft hatte sie seinen Namen schon in diesem flehenden, gequälten Tonfall gesäuselt, dass ich allein beim Klang ihrer Stimme zusammenschrak. Es waren nur vier Worte, doch sie betonte sie, als müsste sie das Leid der ganzen Welt tragen.
Dies trug nicht gerade zur Förderung meiner Konzentration bei. Ganz im Gegenteil. Mit jedem Mal, dass sie ihr Liebesleid vor sich hin wisperte und seufzte, verstärkten sich meine Kopfschmerzen. Ein schmerzhaftes Pochen und Hämmern, das so ganz und gar nicht im Takt zu der Bewegung war, mit der ich mit einem Mörser Kräuter in einer Schüssel zerstieß.
»Seid Ihr sicher, dass es der einzige Weg ist, Pater?« Mit diesen von Unsicherheit gefüllten Worten stand sie plötzlich wieder direkt neben mir und spähte in die Schüssel.
Ich nickte, schenkte ihr ein möglichst beschwichtigendes Lächeln und versuchte, sie dabei nicht mit Blicken zu erdolchen. Ja, es würde – es *musste* – gelingen. Der Plan war schlicht und doch perfekt.
Romeo – bald wären wir wieder zusammen. Ganz ohne sie.

Mit ihren Händen umklammerte sie die Rose. Sacht strich sie über die Blütenblätter, die ihr der so Geliebte erst gestern zu ihrer Hochzeit geschenkt hatte. *Bevor* er in einen der üblichen Straßenkämpfe Veronas verwickelt wurde. *Bevor* er verbannt worden war. Nur weil er jetzt mit ihr und ihrem Hause verwandt war, war es dazu gekommen.
Verbannung.
Was für ein hässliches, kleines Wort, das nur schwer auf der Zunge zerging und einen üblen Nachgeschmack hinterließ. Verbannung. Verbannung. Verbannung.
Immer wieder kreiste es durch meine Gedanken. Es war besser als sein Tod, versuchte ich mir einzureden. Doch es half nicht viel. Trotzdem waren wir jetzt getrennt. Nicht nur räumlich. Auch durch dieses liebestolle Mädchen vor mir, das wieder in ihr sehnsüchtiges Klagelied verfallen war. Was verstand sie schon von der Liebe, von dem Schmerz der Trennung?
Etwas zu wuchtig zerschnitt ich einige Blätter und die Klinge des Messers bohrte sich in das Holzbrett. Sie bemerkte nichts davon, strich nur über die Rose. Vertraute darauf, dass das, was ich hier tat, ihr helfen würde.
Ja, es würde ihr helfen. Nur nicht so, wie sie es

erwartete. Schon bald würde sie einsehen, dass Romeo sie nicht glücklich machen würde. Dass sich in ihn zu verlieben, der falsche Weg gewesen war.
Und ich –
Ich würde wieder sein Mentor sein. Würde ihm nach Mantua folgen. In die Verbannung. Stets wäre ich an seiner Seite. Wenn er um die verlorene, angebliche Liebe weinte. Wenn er wie so oft in Melancholie versank und einer anderen alsbald sein Herz schenkte. Wie schon immer, würde ich für ihn da sein.
Romeo, bald wäre es so weit. Dieser Plan, mein Plan, er war perfekt. Nichts konnte schiefgehen.
Die Gedanken daran vertrieben die Kopfschmerzen beinahe.
Zumindest so lange, bis sie ihre Augen wieder auf mich richtete. Vor allem aber sah sie den Trank an, der jetzt gemächlich vor sich hin köchelte.
»Oh Pater, ich bin so froh, dass ich Euch vertrauen kann. Ein anderer würde mir statt eines Schlaftranks wahrscheinlich ein übles Gift verkaufen.«
Und obwohl sie mir doch vertraute, klang ihre Stimme noch recht unsicher. Ein wenig zittrig. Als befürchtete sie, es könnte doch Gift sein, was dort leise blubberte.

Wieder lächelte ich. Beruhigte sie mit leisen, warmen Worten. Natürlich war es nur ein Schlaftrank. Nicht mehr. Nichts, was ihr schaden könnte. Sondern etwas, das sie stattdessen mit ihrem Geliebten wieder zusammenbringen würde. Den letzten Teil log ich, ohne eine Miene zu verziehen.

Gott würde mir diese eine Lüge verzeihen. Da war ich mir sicher. Gott war gnädig. Denn er wusste, die Lüge war nur ein kleiner Teil des Plans.

Es war ein schlichter Plan. Und doch so perfekt.

Ich sagte ihr, sie würde in einen todesähnlichen Schlaf fallen. Und sie hoffte darauf, dass, wenn sie in der Familiengruft erwachte, ihr Geliebter an ihrer Seite war, auf dass sie Verona gemeinsam für immer verlassen könnten. Seite an Seite. Die Fehde und die streitenden Familien auf ewig hinter sich lassend.

Hämmernd und pochend kehrten die Kopfschmerzen zurück. Lag es an dem scharfen Geruch, den die Kräuter verbreiteten? Oder war es ihre Stimme?

Sie hoffte auf ihr glückliches Ende. Erwartete es förmlich. Ich konnte es in ihren Augen sehen.

Und fast, aber nur fast, tat es mir leid, dass diese Hoffnung, diese Freude und dieses Glück bald daraus verschwinden würden. Dann, wenn der

Trank ihre Lippen benetzte. Er ihr den Atem raubte. Dann wäre sie allein und verlassen. Ganz ohne Romeo, ihren Geliebten. Im letzten Moment würde sie wissen, was ich getan hatte. Fast tat sie mir leid.
Verbannung.
Da entsann ich mich wieder ihrer Schuld. Ihre *Liebe* zu ihm war es gewesen, die Schuld daran trug, dass er Verona verlassen musste. Dass wir getrennt waren. Doch nicht mehr lange. Bald wäre ich wieder bei ihm. Dann wäre ich wieder sein Pater, sein Mentor, sein Freund. Und er würde keinen Gedanken mehr an sie verschwenden.
Denn dann war sie tot.
Mein Brief würde ihm von ihrem Ableben berichten. Er würde trauern und sie nie wieder sehen. Und dann wäre er wieder frei. Frei von ihr. Und er würde Trost und Rat suchen. Bei mir.
Fast hätte ich gelacht, während ich den Schlaftrank umrührte.
Aber nur fast.
Denn noch war all das nicht geschehen.
»Oh Romeo, mein Romeo«, flüsterte sie erneut. »Bald sehen wir uns wieder.« Ihre Finger strichen über die Rosenblätter. Dann hob sie plötzlich den Kopf und sah mich unverwandt an. Eine plötzli-

che Entschlossenheit ließ ihre sanften Züge härter erscheinen. »Sagt, Pater Lorenzo, seid Ihr wirklich sicher, dass es funktionieren kann?«

»Natürlich mein Kind. Dieser Plan ist wirklich todsicher – er kann gar nicht scheitern.« Zumindest nicht für mich.

Sie nickte entschlossen. Lächelte zaghaft. »Dann werde ich Euer Gemisch mit Freuden trinken. Für Romeo.«

Der Nachtalb

Ich wache mit einem Schrei auf den Lippen und dem Gefühl von Blut an meinen Händen auf. Tonlos erstirbt der Schrei, noch bevor er meinen Mund verlässt. Mit aufgerissenen Augen und einem schmerzhaft pochenden Herzen – *badumm, badumm, badumm* – liege ich im Dunkeln. Schwärze überall. Zu meiner Linken, meiner Rechten, sie umhüllt mich und erweckt die Bilder von Neuem.
Victorio.
Sein Name bohrt sich in meine Gedanken, umspielt die Bilder, die mein Gehirn in die Schwärze der Nacht projiziert. Victorio, wie er auf der Seite liegt. Der Helm neben ihm. Den Arm angewinkelt. Und das Blut. Das ganze Blut.
Fast ist mir, als könnte ich es an meinen eigenen Fingern spüren. Doch das kann nicht sein, denn alles, was ich in meinen verkrampften Händen halte, ist eine Bettdecke. Mein Verstand weiß das. Und doch – diese Bilder. So täuschend echt, so –
Ich blinzle. Starre hinaus in die Nacht und versuche, die letzten Fetzen dieses Albtraums zu vertreiben. Es ist alles gut. Victorio geht es gut. Kein Blut. Ich liege in meinem Bett. Es ist alles gut. Nur ein Albtraum. Ein beschissener Albtraum. Nichts Neues.

Und bei jedem neuen Gedanken atme ich. Ein. Aus. Langsam und konzentriert.

Bis mein Herz nicht mehr rast, als wäre ich über den Sportplatz gesprintet. Bis die Bilder sich in der alles verschlingenden Schwärze endlich auflösen. Und doch –

Meine Hände zittern immer noch. Ich bin so angespannt und aufgewühlt, dass ich nicht wieder zurück in die Arme des Schlafes finden kann. Stattdessen – Ich muss zu ihm, entscheide ich.

Ich zögere nicht lange, setze mich auf, verharre einen Moment auf der Bettkante. Meine Füße berühren das Holzparkett. Kälte fließt in sie hinein, fließt in mich. *Tapp, tapp, tapp* macht es bei jedem Schritt durch mein Zimmer. Dann bin ich an der Tür, öffne sie und trete hinaus auf den Flur. Weicher Teppich löst das Holz ab, meine Zehen versinken darin. Irgendwo zu meiner Linken ist ein Lichtschalter, das weiß ich. Aber Victorios Zimmer liegt in der anderen Richtung, also gehe ich im Dunkeln nach rechts.

Ich strecke den Arm aus, spüre die raue Tapete unter meinen Fingern. Eine alte Gewohnheit, keine Notwendigkeit. Den Weg zu Victorios Zimmer finde ich, ohne zu stolpern. Es sind siebzehn Schritte wie immer. Siebzehn Schritte, so alt wie

Victorio ist.

Dann Holz unter meinen Fingern und das kalte Metall der Klinke. Ich drücke sie runter und schleiche in Victorios Zimmer. Nur ein Hauch gelblichen Straßenlaternenlichts fällt durch das Fenster, ummalt die Konturen von Victorios Möbeln. Den Schreibtisch unter dem Fenster, der voller Papierstapel ist, aus denen die Gedichte quellen. Die andere Wand voller Regale, wo jeder Platz von einem Buch belegt ist. Und das Bett. Victorio bestand darauf, es in die Mitte des Zimmers zu stellen. Es ist groß, fast so breit wie das von Mama und Papa und doch liegt Victorio nur auf der linken Seite. Schon immer. Auf Zehenspitzen schleiche ich durch das Zimmer, greife die rechte Bettdecke und wie schon unzählige Male zuvor schlüpfe ich darunter.

So ist es besser. Jetzt bin ich nicht mehr alleine mit den Nachtalben. Hier kann ich beruhigt die Augen schließen.

»Kleiner Bruder?« Victorios Stimme ist dicht an meinem Ohr. Ein verwaschenes Flüstern, mit einem Hauch von Schlaf.

Ich behalte die Augen geschlossen.

Er lacht. Dieses raue, bebende Lachen, das sein Gesicht runder macht, Fältchen um seine Augen legt und seine Locken zum Wippen bringt. All das kann ich sehen, ohne ihn anzuschauen. Dafür kenne ich ihn zu gut. »So schnell bist nicht mal du eingeschlafen, tu nicht so. Was treibt dich her?«

»Ein Nachtalb«, flüstere ich und es fühlt sich an, als würden meine Worte sich in den Weiten des Zimmers verlieren. Die Bilder steigen wieder in mir hoch. Victorio auf der Seite liegend. All das Blut. »Derselbe wie immer.«

Victorio schnalzt mit der Zunge. Ein knallender, empörter Laut, der mich zusammenzucken lässt. »Habe ich dem nicht gesagt, er soll dich in Frieden lassen?«

Ich nicke. Allein Victorios Nähe vertreibt die Fetzen des Traumes bereits. Seine Worte, sein warmes Lachen. Ich bin sicher. Ich bin geborgen.

»Lass mich dir eine Geschichte erzählen«, flüstert er und ich lächle. Victorio ist ein großartiger Geschichtenerzähler. Als er anfängt, kuschle ich mich in das Kissen und die Decke und seine Worte. »Es waren einmal zwei Prinzen, die waren Brüder und hatten nichts außer einander. Als eines Tages …«

Seine Worte tragen mich fort, nehmen mich mit in jenes fremde, ferne Land und lassen mich in einen Albtraum freien Schlaf gleiten.

Als ich aufwache, wärmt die Sonne mein Gesicht, kitzelt meine Nase. Ich drehe mich zur Seite und grummelnd öffne ich die Augen. Ein hohes Bücherregal, ohne Lücken gefüllt, olivgrün gestrichene Wände.
Das ist nicht mein Zimmer. Sondern das, meines Bruders.
Die Erinnerungen kommen schnell. Der Albtraum, die raue Wand des Flurs, Victorios Geschichte. Für einen Moment will ich mich an letzterem festklammern, will mir jedes seiner Worte zurück ins Gedächtnis rufen, doch der Schlaf und die Zeit haben sie bereits verwaschen.
Trotzdem lächle ich. Schließlich kenne ich die Geschichte gut. Es ist meine Lieblingsgeschichte und ich werde nie müde zu hören, wie Victorio ihren Faden für mich spinnt.
Ich drehe mich zur anderen Seite. Doch die ist leer. Niemand liegt neben mir.
Victorio ist ein Frühaufsteher. Jedes noch so kleine Fitzelchen des Tages nutzt er zum Schreiben.
Ich lächle.
Und sehe das Kissen und die Decke.
Glatt und unberührt. So akkurat gefaltet und ausgerichtet, dass beides parallel zur Bettkante liegt.
Die Erkenntnis sickert träge in meinen Verstand.

Victorio macht nie sein Bett. Zu unwichtig. Immerhin könnte er die Zeit sinnvoller nutzen. Und wenn er es doch tut, dann voller Hast.
Ich streiche über die glatte Decke.
Schlucke.
Und hasse die Wahrheit, die ich kenne und doch viel lieber verdränge.
Victorio hat seit drei Jahren kein einziges Bett mehr gemacht.

Es waren einmal zwei Prinzen, die waren Brüder …

Danksagung

Dass ich jetzt, fast genau zwei Jahre nach meiner ersten Danksagung, eine zweite schreiben darf, macht mich unglaublich glücklich und dankbar.
Dankbar und glücklich, dass ich erneut meine Worte in gedruckter Buchform auf die Welt loslassen darf. Und wieder möchte ich mich dafür bei ganz vielen Menschen bedanken:
Zuerst einmal danke ich Ramona Hoidn-Stock und Maik Stock dafür, dass sie meinen Kurzgeschichten erneut ein Zuhause gegeben haben und dieses Büchlein wieder einmal in so unglaublich kurzer Zeit möglich gemacht haben. Mein Dank geht auch an Inya Bergmann für ihre vielen Anmerkungen, danke an das Team der Druckerei Schöpfel für das Layout und an Jule Dettenbach für den rettenden Einfall, als wir uns alle den Kopf wegen des Titels zerbrochen haben.
Mein Dank geht auch wieder an euch – Tine, Flo, Dominic und Said. Dafür, dass ihr nicht nur meine Geschichten lest und mit Kommentaren versehrt, sondern auch meine plötzlichen (wohl etwas wirren) Gedanken und Ideen ertragt.

Dankeschön auch an meine Familie, die meine Geschichten nicht nur liest, sondern auch noch so viel Werbung für meine Geschichten macht. Insbesondere möchte ich wieder dir Mama danken, dass du erneut möglichst jeden Komma- und Logikfehler ausgemerzt hast und bereit bist, meine Bücher wirklich jedem Buchhändler aufzuschwatzen.

Danke an die Lesenden und ihre lieben Worte, die bereits meine erste Kurzgeschichtensammlung gelesen haben und jetzt wieder hier sind. Und danke an alle anderen, die jetzt mein Buch gefunden und bis hierhin durchgehalten haben. Ich hoffe, dass euch die Geschichten gefallen haben und dass man sich bald wieder liest.

Vanessa Krypczyk

P.S. Nette Worte und sonstige Anmerkungen dürfen gerne an meinen Instagram-Account *@weltentaenzerin_* oder per Mail an *vanessakrypczyk@gmx.de* geschickt werden. :)

Über die Autorin

Vanessa Krypczyk selbst überliest
diesen Teil meistens (immer noch).
Für interessierte Leser hat sie ihn aber trotzdem
aufgeschrieben (und aktualisiert).

Sie ist 2001 geboren und lebt in Erfurt. Neben dem Schreiben von Geschichten, studiert sie Geschichte und arbeitet mit Büchern. Seit 2016 nimmt sie an Schreibwettbewerben teil, sodass einige ihrer Kurzgeschichten in Anthologien veröffentlicht wurden. Dazu zählt *»Thomas«*, in *»Identität 1142: 23 Quarantäne-Kurzkrimis«*, herausgegeben von Sebastian Fitzek.
Mit *»Du darfst nicht lesen«* veröffentlichte sie 2020 ihre erste eigene Kurzgeschichtensammlung.